L'arbre sense tronc

Francesc Serés

X Premi Ciutat de Badalona de Narrativa
XIV Premi Literari Països Catalans-Solstici d'estiu

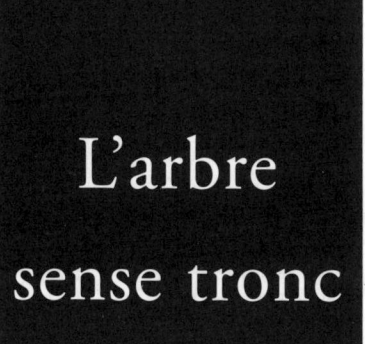

COLUMNA

COL·LECCIÓ CLÀSSICA
PRIMERA EDICIÓ: OCTUBRE DEL 2001
PROJECTE GRÀFIC: COLUMNA COMUNICACIÓ, S.A.
© FRANCESC SERÉS, 2001
© DE LES CARACTERÍSTIQUES D'AQUESTA EDICIÓ:
COLUMNA EDICIONS, S. A.
CARRER PROVENÇA, 260 - 08008 BARCELONA
ISBN: 84-664-0139-3
DIPÒSIT LEGAL: B. 41.687-2001
IMPRÈS A HUROPE, S. L.
CARRER LIMA, 3 BIS - 08030 BARCELONA

EL JURAT DEL PREMI CIUTAT DE BADALONA/
PAÏSOS CATALANS-SOLSTICI D'ESTIU 2001
ERA FORMAT PER:
CATERINA MIERAS, JULIÀ DE JÒDAR,
MIQUEL MAS, JAUME OLIVERAS,
MIQUEL ALZUETA I ISIDRE SALA.

*Aquest llibre no pot ésser reproduït,
ni totalment ni parcialment,
sense el permís previ escrit de l'editor.
Tots els drets reservats.*

*A la meva família,
als que empenyen des de sota,
i als que hi ha dalt de l'arbre...*

...eadem sunt omnia semper...

Taula

Part Primera

I. Les primeres persones — 13
II. Els indrets, els altres — 18
III. De quan dúiem bena als ulls — 23
IV. L'ombra de l'home invisible — 27
V. Camp de fruit i batalla — 38
VI. Pare nostre quan baixeu a la terra — 44
VII. Venda cantada dels colors dels pits — 53

Part Segona

VIII. De quan el meu semblant representava follia — 63
IX. El carro del tot pel camí del no-res — 73
X. Món sota món, fum sota fum — 84
XI. Les mirades del bronze — 89
XII. Quadricromia fina dels mapes — 99
XIII. El vent és una rialla fina — 113
XIV. Gust de cendra i mel — 126

Part Tercera

xv. El cel des del pou 133
xvi. Blanca llet filtrada bevem 142
xvii. Tel negre dels ulls 151
xviii. L'arbre sense tronc 160
xix. Tota terra en boira 168
xx. Els llocs sense els altres 175
xxi. Ball de tall 182

*A les mans res no tinguis,
ni cap record a l'ànima...*

Ricardo Reis

Part Primera
Presentació

I

Les primeres persones

Memòria

Què diu un cap?
La primera imatge de la solitud, aquella que intentes pouar treballosament enmig d'altres retalls, ve de dins del blat, plena del so esquerdat de la ferralla rovellada, deixant penjar un braç partit que es mou al so de l'oreig, i malgrat el temps, encara avui desconeixes el perquè o el com de l'arribada d'aquest record. Tal vegada sigui per les primeres voltes que et vas desorientar, passejant entotsolat pel camp cercant la talaia quieta, el cos deforme de l'espantall envoltat del blat encara verd; tal vegada perquè et feia companyia en l'abandó momentani del pare, que caminava més de pressa i et deixava assegut a recer d'alguna espona o d'algun roc, mentre anava a mirar el sembrat; potser perquè des d'allà, des dels secans, es veuen planes immenses que col·lapsen la vista i, dreçat, l'espantall era una de les escasses verticals que s'hi enlairaven. En forma de figura fossilitzada retorna ara l'espantaocells, com si es tractés d'un recordatori d'enterrament o de primera comunió, una estampa vella guardada al fons d'un calaix, ratllada i malmesa pels altres objectes que conté, una fotografia cansa-

da, esgrogueïda, bruta del sutge del temps que s'hi acumula damunt.

L'espantall sotjava curosament cadascuna de les feixes de blat, fos quan el sec d'aurèola groga i espigada, o en el verdós lluent i humit, o també al sementer en els mesos en què els estornells i pardals busquen aterrar per remoure el terròs i endur-se la llavor partida del blat. Els barrons de la teulada d'un mas desfet serviren per bastir una creu allargassada que vam embolcallar amb palla i cordes; dels troncs horitzontals, dels braços de la creu, penjàrem llaunes enfilades les unes amb les altres i dalt del cap vam lligar una vella escombra de branquillons. Movent totes les llaunes quan bufava cerç o voltorn, palplantat al mig de les planes, l'espantaocells prenia un aire quixotesc, heroic i aterridor alhora que jo mai acabava de copsar del tot; em mancava l'adjectiu que avui conec i que ara m'és més senzill entendre: l'espantall estava sol, i tot i que l'havíem fet un dia de matar els porcs —i aleshores ens aplegàvem tota la família, mares, tiets, besavis, bords, cosins i banyuts— ja la primera nit la va passar sense ningú. Recordo haver-li dit adéu, a reveure, o alguna cosa semblant abans d'anar-me'n.

L'evocació de l'espantall només es deixa acompanyar d'una altra forma, només una altra imatge que reitera ara i adés la seva remembrança, la tia, la Calama, la boja, que com un esparrac de record sovinteja també en algunes parts de la memòria. D'ella en sé poca cosa, que era la germana més petita del meu avi, i també que perdé el marit a la guerra i els dos fills de tuberculosi i de gana —moriren de misèria, deia l'avi—; la vaig veure sempre a casa. La Calama m'estimava molt i tot sovint em confonia entre manyacs amb en Manel, el petit d'ella mort feia temps. La veig ara, despentinada al matí fins que arribava l'hora en què la mare li raspallava els cabells i li passava les forquilles entremig dels blens, asseguda al celobert pelant faves nerviosament i destra mentre murmurava alguna cançó, o filant llana, o fent orellons amb desfici, o conserva de tomàquet, o destriant llenties, fent, fent, tothora fent amb neguit, inquieta. La mare sempre li deixava feina; cada matí abans de llevar-se tenia davant de la cadira alguna cosa preparada a l'abast i, asseguda, era sola. Movia el cos d'esquena corbada endavant i endarrere, a voltes amb massa força, obsedida, nerviosa. L'avi, que no volgué acceptar mai la seva bogeria, deia que quan se li passés la memòria dels fills i de l'home tot s'acabaria, com si la trastocada només tingués una tristor passatgera, com si la bogeria fos només un estat d'ànim. El menjador ve ple del soroll de la màquina de cosir vella, el soroll de Singer que atapeí l'armari d'estovalles, cobrellits, coixineres; el terrat fa olor de les pellofes i al rebost hi ha centenars de pots avui buits, en aquell temps plens de conserves, d'almívars diversos, confitures i tot tipus d'adobs. Mentre fa no pensa, quan pensa està sola, ben sola, deia l'avi agafant-me de la mà, no la destorbis.

L'espantall i la Calama em vénen ara al cap l'un devora l'altra, el dia que vam anar a matar els porcs. Sempre ho fèiem al camp, el pare mai volia matar a casa; la carn morta al camp és més bona, deia, si la sang i els sucs de la bèstia van a parar a la terra; al camp res es perd, deia. Les feines eren llargues i les festes també; es reia, es bevia, es cardava, i els petits rèiem, bevíem el vi que ens deixaven i guaitàvem com els grans cardaven, d'amagat al paller. Emperò, triant entremig de tot el que recordo, apareix la Calama mirant l'espantall, al mig d'un sembrat incipient que ja havia rebut les primeres gebrades; la guaitava com allargava la mà bruta de sang i pebre per fer sorollar les llaunes, com mirava amunt amb la vista perduda, i com les dues pedretes que vam posar a manera d'ulls, embolicades entre els branquillons de l'escombra, l'esguardaven a ella; ningú hi podia entrar, només hi eren ells dos. Sé que va estar-hi estona i estona, mirant l'espantall i que després, sacsejant el cap com si vingués de no sé on, continuà netejant els budells i salpebrant la carn.

Els dos anys següents foren els pitjors, els anys dels crits a les nits, els anys que fugí nua al carrer els dies d'hivern. L'avi havia de sortir a buscar-la quan ja anava amarada de boira i suor de tant que corria, amb la pell ben vermella de fred i els peus plens de fang i àdhuc la cara, que prenia un aspecte ferotge i deseixit. Van ser els anys que es va salar els ulls i que va menjar terra i cucs dels fems; els anys que li vam haver de lligar les mans a la cadira perquè no s'encetés el cony i els pits de tant tocar-se'ls, volia parir i alletar, alletar, alletar, memòria dels fills. Aquells anys em dolien, em dolia tot en ella, però més enllà d'aquest mal hi havia una pregunta que m'atenallava, sempre: aquell cap despentinat, què passava dins aquell cap, què deia. Durant temps encara parlà; els primers anys enraonava molt i fins i tot cantava en veu baixa, tot just un murmuri que et deixés endevinar la tonada malgrat la barreja de frases inconnexes i del cavil·lar dispers. De mica en mica, digué paraules més curtes, només monosíl·labs, i finalment, quan volia fer-te saber alguna cosa, un sol mot sense cap significat que repetia enmig de baves quan volia alguna cosa, bai, bai, bai, dit com si de lluny tot tingués un sentit.

L'espantall caigué. La fusta dels barrons que vam llevar dels masos estava molt humida i clivellada quan la clavàrem a terra, i la boira, les aigües i el sol van acabar d'escorxar-la. A més, d'un quant temps ençà, l'efecte d'aquell espantaocells improvisat ja no era el mateix: encara que fes vent i dringuessin les llaunes, els moixons no es movien del lloc —encara bo que els esparvers i furrassos l'utilitzaven de mirador. Mentre es mantingué dempeus, però, cridava l'atenció, feia una sensació barrejada de proximitat i de por, de perill i d'amabilitat, com la navalla d'afaitar del pare, les relles polides i fines de l'arada o la foscor del fons de l'entrada de casa. Potser era per la forma de creu al mig del camp o que les llaunes li donaven un aspecte tètric; tal vegada l'absència de cap altra elevació enmig de la plana... L'àvia cantava la tonada vella «la memòria amaga les coses que més s'estima, perquè allò que el temps vol és allò que el temps llima, i si passa el temps...», i la sang del porc tornava a brollar del coll cap al gibrell amb el primer soroll metàl·lic, cada any.

Quan anàvem al camp per matar els porcs o per qualsevol altra tasca en què fossin necessaris tots els braços, ens endúiem la Calama, no per fer-la treballar, sinó per no deixar-la sola a casa sense ningú que se'n fes càrrec, i ella no parava de voltar per les planes caminant amunt i avall pels turons i feixes fins que s'asseia cansada contra el peu de l'espantall. Sempre així fins que arribà l'any que no hi hagué espantall, l'any que es gità en el sembrat gebrat, amb els braços estirats en forma de creu, la vam anar a buscar però no volia aixecar-se, bai, bai, bai, encara que l'estiressis, bai, baiiii, l'any de la pulmonia, bai, bai, el mateix any que va morir. Mai he sabut què passava per aquell cap, les paraules, quines paraules, pel cap només passen paraules i imatges, i les seves només per a ella tenien sentit, què diu, cap intèrpret per aquell que només parla la llengua que sols ell entén.

La feixa que no tenia nom es digué la feixa de l'espantall, i en el seu lloc, allà sota una creu, hi ha la Calama.

II

Els indrets, els altres

El primer lloc

*E*l terra té forma de mitja rodona, la que ha acabat escombrant la cadena ferma i pesant, constant en l'anar i venir damunt el terròs, un terra sec del passar, erm sense pedres que envolta el magatzem vora el mas. Tampoc hi ha herbes; comencen a sortir només a la juntura de les parets i al final del semicercle que el gos ha dibuixat amb la cadena al coll, dringant per sobre de la graveta fina. Teníem més gossos al pla, però aquest, el bru, era l'únic que sempre estava fermat, el gos fer que des de petit havia mossegat els corders; havent tastat la sang ara només era bo per vigilar l'entrada del mas. Els altres, deixats anar per fora, mostraven prou agressivitat contra els forasters, però mai ens havien fet perdre cap bèstia. De petit, la por que li tenia al bru em feia fugir de l'encordat o passar-hi lluny amb una mena de respecte distant; malgrat aquesta precaució, més d'una vegada un ensurt: és sabut que els gossos, com els cavalls, tenen gelosia dels nens petits i era així que mai em deixava entrar per la porta si no passava a corre-cuita pel cantó més allunyat del seu cau, on no arribava la corretja, al final del semicercle eixorc. Si hi entrava, venia bordant cap a mi, diríeu que estava rabiós, esgarrapant el terra pel mateix arravatament que el llançava fins que la cadena feia de topall, i de l'empenta de l'embranzida el cap se li aixecava damunt del cos corbat per la tensió, i una i altra vegada s'escoltava el cop sec del tensar de la cadena, baula rere baula, el cop sec del coll contra el dogal de cuir i defenses de ferro, malparit, enmig dels lladrucs que mig m'espantaven, mig em violentaven, com si hi veiés quelcom d'injustificat.

Els dies de calor d'estiu jeia gros com era, pelut lluent, cansat i acalorat per la xafogor de les planes. Prop de l'ancoratge, les primeres baules marcaven en el terra l'evidència del moviment diari en uns cercles concèntrics dibuixats pel frec incessant. Dos cops el lligàrem amb una soga, per tal de poder portar la cadena al ferrer quan calia canviar algunes baules gastades per unes altres de noves. Aquest era el moment en què el tenia més proper, quan anant cap a la ferreria prenia el pes de la cadena i notava la càrrega que duia sempre a sobre; no el podia palpar a ell, però podia sospesar la cadena quan la tornava a buscar a cal ferrer i esbrinava les argolles noves, algunes de mida diferent i més negres al costat de les blanquinoses, desgastades per l'argila i les pedres. El pare el lligava i el bru tornava a jeure.

L'avi, de vegades, s'asseia a terra contra la paret del mas, a l'ombra vora el cau, i li acaronava lentament els lloms. El gos li recolzava el cap a les cames mentre ell, amb l'esquerra, s'anava passant entre els dits les baules de la cadena, una rere l'altra, baula rere baula, com qui passa un rosari comptant cadascun dels sortints, cadascun dels forats que deixa el ferro, com quan sedassava la cadena fina del rellotge de butxaca entre les puntes dels dits, enraonant de temps passats, dient el succés més important de cada any, buscant brases enceses entre les cendres d'anys consumits. Fins i tot s'adormia, amb el gos reposant a sobre dels genolls, damunt de les cames adormides, i dormisquejava comptant baules, mentre recitava anys passant les mans aspres per la cadena, cada any una baula: mil nou-cents deu, neix l'Andreu; mil nou-cents onze, l'any del canal; dotze, l'epidèmia de grip; nou-cents tretze, morí l'Andreu, una memòria solidificada en ferro. El pare ja en va aprendre, però l'avi no en sabia, de llegir, el calendari era una cosa ben estranya per ell, i així, els anys que ja havia deixat els recordava lligats a un succés, a un esdeveniment important. Cada any una baula: i amb la baula la memòria de l'any. Baula rere baula, catorze, comprem les eugues, quinze, les inundacions. «Cada any té una cosa darrere, en realitat en té més però el cap només se'n recorda d'una, i això només si tens bona memòria.» Cadascuna de les marques de la cadena a terra, un any; l'avi sestejava la calor. De cada anyada només recordava un fet i ara l'explicava en les baules com si un any estigués lligat al següent amb la força d'una soldadura, els esdeveniments lligats els uns als altres, i entremig el record que discrimina i ordena cadascuna de les anyades.

El pare, en canvi, quan havia de fer memòria se n'anava a la collita i a partir del blat de les feixes recordava tot el que havia passat durant aquell any, el record verd del sembrat o groc de l'espiga, hivern i estiu evocant tots els fets importants, aquells que el cap no deixa fugir d'enmig de les reminiscències que acompanyen de manera insegura aquests successos principals, les coses grosses, en deia el pare. L'home només se'n recorda d'una cinquantena de coses grosses al llarg de la vida, i per ell les coses grosses venien lligades als incidents i casos de la collita: l'any que se'ns van ofegar les puntes de les feixes començà la guerra; l'any dels salobres va ser l'any de les pluges gelades; l'any de les bandades dels estornells i del blat menjat fou el de la misèria i de la gana a la capital.

L'arbre sense tronc

Una de les últimes baules de la cadena que tocava l'avi, l'any que vam sembrar ordi en comptes de blat —segons el pare per donar-li repòs a una terra massa fatigada—, em van regalar pel sant uns guants de cuir negre, suaus al tacte però forts, ben cosits. El mateix dia, però, el pare va prendre-me'ls per fer-me enrabiar i deia que els deixaria caure als fems, o que els llençaria al pou mentre jo l'empaitava empipat al voltant del femer, corrent, renegant per l'era mentre tothom se'n fumia. Aleshores, amb un gest ràpid, un gest que m'astorà, llençà els guants dins de la caseta del bru, el mateix que quan corríem vorejant la rodona es llançava bordant contra mi, fent tibar la cadena amb el so de la vibració tensada del ferro.

En la meva memòria els camps de blat són tots els llocs i les baules són els altres, els qui han viscut amb mi en cadascun dels moments en què he tingut vida, els que ara tinc ordenats curosament, com una commemoració de fets que són baules, el cinema, la taverna, la granja, la ciutat o el mercat. El gos tornava cap a dins del seu cau per buscar aquells cuirs que li servirien per mossegar i mossegar i enfortir les dents i les barres, mentre el pare i l'avi ja no reien, ningú reia, només em miraven, esperant. El terra té forma de mitja rodona. El vaig cridar, bru!, i com que no em feia cas vaig entrar per primera vegada dins del semicercle. Cada vegada que venia, cada vegada que es llançava, deixava que la cadena fes de fermall, als gossos perquè creguin se'ls ha de tocar el morro, ben fort a puntades de peu fins que, amansits, paren, un cop i un altre, fins allà on arribava la cadena, cada vegada més endins de la rodona una altra puntada, més a prop de la caseta arraulit a puntades, i una altra malparit, com la pell d'un tambor que sona endins, i endins de tot només hi ha l'instint. Jo tenia mal al peu, el fil de bava sanguinolent que treia el bru de dins la boca li mullava musell i barres fent-li una expressió encara més fera, però s'estava quiet mentre jo avançava coix cap al cau, rebentat com ell per dins, i prenia, davant la mirada judicant i greu del pare i de l'avi, els guants intactes, l'any que l'avi tocava les últimes baules, l'any que vam sembrar ordi en comptes de blat, el primer lloc.

III

DE QUAN DÚIEM BENA ALS ULLS

L'ESCOLA

L'escola és una bena als ulls, fosca com la pissarra que dibuixa lletres rodones, les quals, maldestre, mai has sabut reproduir prou fidelment. Les lletres no poden anar per on volen, però les lletres van per on volen malgrat tot, encara que la mestra t'engrapi la mà ben fort, enutjada, apretant-te els dits contra el llapis i et dugui ferm el pols dins de l'enreixat que hi ha imprès en el paper barat i fibrós de la cartilla. A la classe la llum ve de la paret de les finestres, l'única sense rectangle negre de pissarra, sense retrats, sense cristos; la llum, aquesta llum diàfana, prové de les eres, les mateixes que, després de creuar-les, transportes dins l'aula enganxades en les formes geomètriques del fang sec, empegat al dibuix de les soles. Les coses que recordes són els llocs on has crescut; has crescut en el fang de les soles, en les engrunes que el pa gruixut que fèiem a casa deixava al fons de la bossa, en els dibuixos del final de les llibretes o en els objectes heterogenis que sempre et carregaven les butxaques. Creixes quan la negror de la pissarra et transporta i aleshores esdevé la de les quadres, de vaques moreves, de fems, parets brutes i fosques, tot obscur; creixes quan els colors de la capsa es mostren com les eines ridícules que són, amb aquests colors enllaunats hom no podria dibuixar cap camp de blat ni pintar-hi dins retalls d'alfals. Creixes en les esquerdes, en allò que fuig, en els anells de la fusta polida del pupitre que et distreuen i et fan pensar amb els de l'olivera, cap fusta fa anells tan variats i distrets com l'olivera. Igual que el fang sec que, sense adonar-te'n, va empastifant el terra sota la cadira, portant l'era dins l'aula, el cap se'n va; mirant per les finestres de les eres, no ets aquí. Te'n vas perquè només et van ensenyar a esquarterar frases i oracions —en paraules que ni tan sols eren les teves— en inútils quadres de claus; perquè les vaques mai se sumen com en els problemes, només se sumen quan carden una a sobre de l'altra, i una vaca i un brau sumen un vedell, tu ho has vist; marxes perquè els rius més cabalosos del món no duran mai aigua fins als secans; perquè les pregàries que em feu repetir sense aturador són a casa renecs rabiosos, un seguit de l'altre, per la sequera, per les malalties de les bèsties, per les collites i les plagues. Fuges, escàpol, i ara no pots recordar quantes vegades t'has imaginat mirant-ho tot des de sobre de la classe com si el que estigués en aquell moment fent mostra al pupitre fos un parent llunyà teu, aliè.

No creus a mestra?, et demanen.

No creus a mestra, encara que el nostre enraonar barregi creure i obeir. T'estimaves més creure al camp, o a les quadres, o poder llegir, sempre havies vist llegir a casa els tres llibres que teníem, una vegada i una altra. T'agradava dibuixar, també, coets en un paisatge que contingui vaques o porcs, amb un blau del cel que mai no ho és prou, aquest cel no és prou cel, deia la mare, la terra s'esventra amb relles que esmoles amb un xerric indescriptible, en un marró de la terra llaurada que mai es prou marró, no hi és aquest marró a la capsa. Les professores no en saben res, d'això, ni de la fortor que desprenen les placentes de les verres, ni dels crits esfereïdors que fan els porcs quan de petits se'ls ha de tallar els ullals de viu en viu perquè no malmetin mossegant els mugrons de la truja; no els pots explicar res dels forats de les bombes a la part vella del poble, ni de les fosses comunes que hi ha dins dels secans, encara s'hi poden trobar sivelles de cinturons, algun casc, algun os. A mestra de les angines en diuen amígdales i els blaus són hematomes.

No crec a mestra. A la pissarra hi ha dibuixat un arbre, i un guix verd ha trencat el negre del fons; una taca verda vol dir arbre, i les vermelles que pigoten l'interior, pomes, podrien ser préssecs, prunes, o peres vermelles, cireres, però la mestra no vol saber-ne res, són pomes i prou. Cal sumar-les, les pomes, sempre cal sumar o restar alguna cosa. A casa no sumem ni restem mai, és feina inútil; això només ho fa el majorista, que dóna al pare albarans roses o grocs plens de números a canvi del blat, de les pomes o dels vedells, i espera que el pare li torni a comprar llavors, adobs i eines per restar-nos, a casa sempre ens resten. Hi ha una aritmètica que no s'ensenya a l'escola. Hi ha paraules que els mestres no ensenyen a l'escola: la paraula majorista, tampoc estraperlo, ni estafador, ni misèria, perquè la bena als ulls de la pissarra diu que això no ho hem d'aprendre. S'ha de creure a mestra.

T'has de netejar les botes per entrar a l'escola, per això et fan copiar una vegada i una altra que no entraràs a la classe amb les botes brutes de fang, i ho copies en xerric de guix línia sota línia, i quan és plena ho has d'esborrar i tornar a començar. La bena als ulls et diu què has de fer, encara que les frases comencin a fer tortes, les línies van per on volen, no entraré en clase con la botas sucias, però hi entres —no creus a mestra: sense el fang de les botes, sense les finestres de les eres, què faries? Després de copiar recites paraules soterrades que fan olor de guix i tinta, diagonal, amanuense, orografia, litoral, però les que marquen els primers anys són paraules fondes i punyents, espellotar, putxinel·lis, llimac, quall, carcanada, mots sedimentats dia rere dia al fons de tot, paraules mestres. La pissarra s'ha tornat ara una màscara barata, negra per dins i pintada per fora, de les de cartró fi i ulls rodons i goma blanca, i llegiràs fent veu de falset lletres que no són teves. T'han dit que no saps res i que ets un ruc, però tant és, els rucs són llestos i fan bona olor, més que les vaques, però no tant com els porcs acabats de néixer; ells no en saben res, de tot això, ni saben que sumes els ramats de xais amb un cop d'ull, o els litres de llet o les mesures d'ordi. De l'escola només t'agrada el llegir, i les poques lectures que deixen fer te les saps de memòria, com les poesies i les cançons, en saps més de cançons i de faules, però no te les deixen explicar ni cantar, no s'han de dir, a mestra només has de creure, per això te'n vas, fugint per l'única paret que no té cristos patint ni retrats de mirada hipòcrita o paternal, la paret de finestres que t'ensenyen les eres, i el fang et fa vores als peus, altra vegada.

T'has de netejar les botes abans d'entrar a la classe i també les nafres dels genolls, en el rec que hi ha prop de les eres. T'has de posar la bena.

IV

L'OMBRA DE L'HOME INVISIBLE

EL CINEMA

*T*he End, Cast, Special Starring, Technicolor, dient les paraules que vèiem amb la mateixa fesomia que les del cartell que anunciava *Ben-Hur*, solemnes, fetes en pedra, mirades des de baix com si volguessin ésser eternes; paraules sense significat que anaven més lluny del que els atribuïa la seva llengua, encara del tot ocult per a nosaltres. The End, Cast, Special Starring, Technicolor, llegíem les paraules però el seu significat quedava en un segon terme darrere de la litúrgia que era l'inici i la fi de la pel·lícula. Paraules i formes, al final i al començament sempre les lletres i els noms dels actors que pronunciàvem sense cap tipus de rubor, tal com els llegíem; dir-los a l'anglesa era fer la riota; noms i més noms, paraules i més paraules, Twentieth Century Fox il·luminat des de sota i Warner Bros. dins d'un escut, totes elles incomprensibles, paraules blanques sobre el fons negre, com una aparició amb què la pel·lícula començava. Els últims llums de la sala, els últims llums grocs del costat de la pantalla s'apagaven lentament i enfosquien la sala mentre la música començava a xerricar per les caixes dels altaveus, destriant i amagant en un cruixit de fons la melodia desentonada, ara massa alta ara massa fluixa, que en Magí acabava ajustant; talment la imatge, desenfocada, ara massa lenta o massa ràpida, ratllada o malmesa.

La gent anava seient a les butaques, de manera que quan començava la pel·lícula ja hi érem tots; havíem de ser-hi, de cap manera podia ser que no hi fóssim, el rètol de fora sempre ensenyava el «complet» resseguit, la tipografia recargolada que pacientment dibuixava en Magí; no podia ser que no hi fóssim, la pel·lícula ens necessitava a tots per poder començar a contar, no podia ser que hi hagués algú al poble que no sabés el contingut d'aquella història que tot just encetàvem. Havíem de ser-hi tots, la mainada al davant, la senyoralla a les tribunes amb el capellà i forces d'ordre i senyores; pagesos al mig i les parelles al fons, darrere de les colles dels joves i, en cadires de tisora o dempeus, els jornalers de les finques grans. Tots hi érem: pagesos, bona gent, llepaculs, malparits, menjaciris, prenyades, gent de pas, ultradreta i camioners; el ple de la convocatòria amb gent a les portes, no pot ser d'altra manera, tothom sap que les pel·lícules es miren entre elles a través dels ulls dels homes, ho sap tothom encara que no sigui dit. Era per això que el cinema s'omplia un cop i un altre, que gent de tota mena s'aplegava a l'hora i al lloc, silents i quiets, un silenci de butaques, hipnòtic. Als nostres ulls es van trobar Totò i Sir Lawrence Olivier, i veuen encara Tippi Hedren, Pepe Isbert i E.G. Robinson prenent cafè al bar de la sortida del cinema; mai fou important que nosaltres veiéssim la pel·lícula, sinó que la pel·lícula fos vista, les pel·lícules es veuen les unes a les altres a través dels ulls dels homes. Només així el Bogart brut, divertit i indecís de *La Reina d'Àfrica* sabrà de les seves altres vides, només així pot parlar amb el Bogart empolainat d'*El falcó maltès*, i Spencer Tracy s'enrojolarà quan sàpiga que ja havia seduït abans Katherine Hepburn.

Qui no ha entès això quan entra al cinema no ha entès res, res de res qui no sap que és necessari seure pacientment i esperar que el buit, el blanc més pur de la pantalla comenci a contenir tots els relats possibles, omplint tota la sala mentre nosaltres fem de comparses d'allò que s'esdevé.

Tots els dijous del món en Magí penjava les fotografies a les vitrines, clavant bé amb agulles les estampes de cartró gruixut i cantells desgastats de tant i tant adhesiu —com les imatges esquerdades i ratllades de la pel·lícula de tant com havien anat de poble en poble—, de vitrines de tarda a vitrines de nit amb llum de fluorescent i arnes i mosquits, marcant al mig dels fotogrames l'horari i el preu que donaven raó del temps en què les ombres a la pantalla narrarien la història, el temps de la festa. Els homes que prenien la fresca al bar del costat s'aixecaven mandrosos per mirar, quan en Magí ordenava cronològicament les fotografies sota els fluorescents, en els moments en què se sabia una mica important —com en el moment en què començava a fer anar la màquina—, ell que sempre quedava entre bastidors al costat de la pel·lícula, darrere de les cortines que s'apartaven del pla dels actors, penjant solemnement Ava Gardner, Mastroianni; enganxant *Novecento*, la pel·lícula que va fer que precintessin el cinema després que la caterva de pagesos anés a tirar pedres a la caserna de la guàrdia civil, després de deixar sense vidres la del comerciant d'adobs i estraperlista. Els homes, que miraven clavats les fotos de les actrius, les de les primeres pel·lícules que ensenyaven femelles de pits rodons i apretats, les de mugrons tapats amb una estrella de color negre i els ulls amb una tira del mateix color, li demanaven coses a en Magí i ell responia escàpol en veu baixa, amb la boca petita de qui sap que no ha de dir res, mentre fugia per enganxar els cartells per la part de dins del vidre. Aquests cartells eren la seva debilitat, els guardava tots. Setmanes després de tancar el cinema va venir un col·leccionista per comprar-los, diuen que fou aleshores quan van veure en Magí per última vegada, encara que ningú sap exactament per què es va penjar. Hom diu que van trobar pel terra de l'habitació i sota la cadira cartells que anunciaven pel·lícules alemanyes i russes i d'altres de pel·lícules pornogràfiques o de dibuixos animats; cartells que mai ningú havia vist i que el col·leccionista no s'endugué, tal vegada en Magí no els va voler vendre. Els cartells, es veu, anunciaven en un paper vermell l'horari i les sessions, tarda de diumenge.

El raig de llum —mòbil com el d'un far que juga amb blancs i negres— creuava tota la sala des de la pantalla fins a la finestreta petita que amagava l'ull que feia la llum. Aquella lluminària prenia la mateixa forma que la que hi havia pintada a l'església, sortint de la mà de Déu fins a les voltes, en un principi va separar la llum de les tenebres, narrant la història que per mà dels homes s'escrivia, mentre els pagesos miraven com baixaven les lletres de la pel·lícula i s'oblidaven dels preus de la collita o de la sequera, en el moment en què conjugàvem tots plegats el verb evadir, jo m'evadia, tu t'evadies, ell s'evadia, nosaltres ens evadíem cada vegada que s'apagaven els llums de les motllures i ja no estàvem aquí. Es barren bé portes i cortines quan es fa fosc, i s'il·luminen de blanc els trets irreals d'unes cares que no semblen les que has vist fora, les cares que diuen que no són els mateixos; no hi havia res que indiqués en les fesomies que aquells homes i dones sortirien del cinema dues hores més tard i tornarien a fer una vida normal, i tanmateix ho farien. Mentrestant, habitàvem la pel·lícula i ens hi posàvem dins, vivíem intensament dins d'ella, com quan van parlar amb en Magí perquè tornessin a posar *Centaures del desert*, el dia que el van veure plorar d'amagat donant les gràcies mentre la màquina rebobinava, gairebé encomanant el plor a homes fets i drets, la foscor em fa plorar els ulls, deien. Tot el cinema estava extasiat, perquè seure a les butaques és fugir, marxar de la realitat; deseixit al cinema, qui treballa a jornals o en una fàbrica, fuig, puix ja té prou dosi de realitat diària perquè n'hi tornin a posar a la pantalla; deixeu-nos que fugim, o si més no, deixeu-nos-ho creure.

En Magí deia que quan mires una pel·lícula mai pots estar dins del tot, acabaries boig, però tampoc pots estar-hi del tot fora. S'ha de jugar, jo he vist aixecar-se homes plens de ràbia, nerviosos i enfurismats fumant al rebedor després d'assistir impotents a la pallissa que els contrabandistes del port li claven a Marlon Brando i he vist fer l'amor al cinema al ritme de les carícies que es feien la noia rossa encotillada dins del vestit i el pistoler; mai no pots fugir del tot d'una pel·lícula, ni tan sols repetint-te un cop i un altre que és una ficció, que aquella història de fa dos segles als mars del Carib no té res a veure amb tu i, no obstant això, acabes rient com ho fa Burt Lancaster quan salta cabrioles pel mig del vaixell o quan el seu company d'aventures burxa amb l'espasa el cul del capità, res no és fora de les pel·lícules, tot el que existeix ja hi és, abans de veure-ho ja ho saps, al cinema, només recordes.

Davant meu, els podia comptar a tots, tots els que davant de la pantalla sadollaven l'ànsia de sentir-se fora del poble, fora dels cognoms que tots sabien, de les històries familiars que els collaven a sa casa, que els enfrontaven amb el veí del costat o que els feien estar en deute amb altres. Fugir, encara que només sigui un moment, encara que Ingrid Bergman només et prengui del tot per un instant, ja n'hi ha prou, també ho deia en Magí, n'hi ha prou que, sense adonar-te'n, tornis a xiular *Els set magnífics* o el *Kwai*. Són suficients els intents d'amagar-te sota la jaqueta per la por una mica més tard, quan veies aquelles sèries B o el mal d'estómac i galtes de tant riure quan van fer la reposició de Keaton, ja n'hi ha prou per notar que fuges, que cadascun d'aquells moments incontrolats en què tu ets Keaton són el que més ha valgut la pena del dia d'avui, del dia d'ahir. Jugaves quan sorties, i eres John Wayne surrant el cul en comptes del cavall o un kung-fu de moviments maldestres, els dies que el preu de l'entrada incloïa el de la carota que per sempre més duries al clatell, disposat a girar-la.

Davant teu hi eren tots, totes les màscares, tots els personatges que apareixien retallats en el cartell de promoció dels cinemes. Un collage de cares i cossos, d'actors i actrius, que s'amuntegaven al voltant de la càmera del mig del cartell, Chaplin, Lloyd, la Monroe i els Marx, el Prim i el Gras, Silvana Mangano, Wayne, sempre Wayne; Bogart fumant al costat d'un Robin Hood que feia tota la cara de ser el mateix mestre d'espasa de tants vaixells; Cooper i Kelly, Tati, Totò, James Stewart i Cary Grant impecablement vestits d'etiqueta; i les cares de Peck, que no volia matar un rossinyol; les de Marlene Dietrich, la Ginger, les Hepburn, i d'altres rostres que cada vegada més empetitits cedien els seus trets a la quadricromia gruixuda. Davant teu hi eren tots, hi era la mestra d'escola que es pensava dins dels estrets vestits de les dones dels westerns; la Rossa del bar, de pits apretats i faldilla lleugera, amb la clenxa feta a la moda de la capital; hi era l'home tranquil, que en una baralla va matar un altre i després va venir al poble a fer vida retirada; el guàrdia dels canals de l'aigua, fatxenda, repetint de memòria frases que després diria als pagesos. Hi era la dona que s'assemblava a la dolenta de Johnny Guitar i el mecànic que fabricava ginys com els de Jacques Tati, o el vidu folrat en qui tothom va reconèixer Charles Foster Kane, el que al ball volia imitar les sabates de Fred Astaire, i l'altre que deia ser, i més.

—Ningú no està viu perquè no en sap la vida —em deia en Magí—, i els actors li fugen perquè no vol reconèixer que s'hi assembla, si diuen que s'assemblen als actors de la pantalla ho fan tot fent befa, però saben que és així. Ningú vol admetre que totes les possibilitats de la vida estan ja esgotades, que tot el que passa ja ha passat abans, Assís, que algú en alguna altra part del món sentirà, pensarà i passarà per les mateixes coses que ha passat ell, i que aquella petja del dit que li unten no és seva, les ratlles de la mà no li pertanyen, ja són abans en el cinema, tot és en el cinema, res se li escapa a l'ull que tot ho veu, a l'ull de les càmeres, a l'ull del projector, perquè en algun indret hi ha un home amb una càmera que ens filma a tots.

Va haver-hi un temps de dèria en què el cinema passava pel·lícules cada dia. L'Ajuntament en va subvencionar algunes despeses i, si exceptuem dilluns i dimarts, la sala obria i s'omplia cada nit. En Magí canvià els altaveus vells perquè destrossaven en un entretall constant les veus doblades i feien més estrany encara un castellà ple d'alts i baixos, i en va posar de nous penjats a les parets; també els seients de fusta es van anar substituint per d'altres entapissats de colors grana i negres, i fins i tot al mig s'hi va posar una estora vermella, gruixuda i llarga, que esmorteïa les passes en entrar. Es va pintar de blanc la paret del costat de la pantalla, un bocí més de blanc per no deformar el cinemascope, i allà on les latrines mostraven forats negres al mig de la ceràmica blanca hi van posar tasses que algú al poble encara no havia fet servir mai. Així va continuar el cinema durant uns quants anys, augmentant el nombre de cadires plegables i de funcions.

Avui, ningú no sap on posar la data exacta del començament del final de tot plegat, pocs anys després, però hi ha qui diu que aquella sessió de portes tancades en què es va projectar *Roma città aperta* fou la culpable, o potser el dia de *Ser o no ser*; d'altres ho atribueixen al fet que el dia següent d'aquesta pel·lícula en Magí va passar una novetat acabada d'estrenar a la capital, *La sega*, la història d'uns camperols italians, en què per primera vegada els pagesos en veien d'altres en la seva mateixa situació; tota la nit la pantalla va ser un espill que deia que no hi havia ningú tan maltractat com aquells homes bruts, vestits amb els parracs que no els acabaven de tapar la carn bruna i barrets de palla que els feien ombra a la cara cremada, sota el sol impossible, una cara arrugada i malmesa que també ensenyava totes les seves misèries des de les butaques. «Tothom se'l creu, el cinema, tot el que saben dels romans és el que diuen Victor Mature o en Heston; de l'edat mitjana, no en veuran res més que *Robin dels Boscos*; la selva africana són els decorats de Tarzan, i Cleòpatra té la pell blanca i els ulls lila de Liz Taylor», sembla que va dir en Magí l'endemà dels fets. També expliquen que es començà a trastocar aquell mateix dia, que estava molt nerviós i que no se li entenia gaire bé el que deia «perquè els homes són desagraïts, molt desagraïts, i no saben donar gràcies per saber històries, per poder recordar i tornar a explicar, ningú s'estima les històries», van sentir que deia. Hom diu que des d'aquella nit va començar a beure, però jo mai li vaig sentir l'olor; també que les dones el tenien entrampat i que les subvencions de l'Ajuntament anaven a parar directament a dues mantingudes; en Magí sempre havia anat amb dones precioses i molt més joves que ell, però això no era nou, i ara tampoc era del tot cert, tant li fa. L'únic que puc contar és el que vaig veure la nit que van fer *La sega*, la nit que van cremar els pallers, els magatzems i les sitges de les granges dels patrons, jo li vaig veure la cara rogenca, atònita davant del foc mentre de fons, els crits dels porcs que en aquell moment ja s'estaven abrasant trencaven l'espetegar escruixidor de la fusta enmig de les flames que aquella nit van fer llum sota núvols: semblava, des de darrere, la silueta de Scarlett O'Hara quan fa el jurament, «mai no tornaré a passar fam», però en Magí només xiuxiuejava, murmuris que deixaven entendre algunes frases de pel·lícules. De matinada, quan tot va acabar i el cel començava a clarejar perdent la nit i el fum vermell, baixàvem el pare i jo cap a casa, i ell estava allà, assegut i caigut endavant damunt d'una taula, a la cafeteria que ell mateix regentava a la sortida del cinema. Estava sol, i ara la cara vermella de l'escalfor de la foguera es feia més visible sota la llum blanca del fluorescent; davant seu tenia una ampolla mig buida, i al cendrer —un cendrer gran, d'un vermell i daurat metàl·lic que mostrava la marca del vermut que presidia cada taula— cremaven unes tovalloletes de paper. Anava ben torrat: «els homes no tenen prou memòria, obliden les pel·lícules que han vist i deixen anar del cap la història que la pantalla els va explicar, deixen que se'n vagi. Les pel·lícules, en venjança, s'obliden dels homes, i de mica en mica acaben fugint totalment del poble. Hi haurà un dia que algú, volent refer el fil, demanarà a algú altre per aquella seqüència o què li diu la dona a l'estimat quan aquest se'n va cavalcant, i l'altre li ho recordarà confusament i inexacta. Un tercer hi afegirà més incerteses fins que, com una pastilla de sabó, la història se n'anirà de les mans quan la voldran acabar de tancar, i serà com si en aquest poble mai ningú l'hagués explicat, un fum. Ja ho sabeu, d'aquí a un temps marxaran la Loren i l'Steve McQueen, i no recordareu res, no hauríeu d'haver cremat les granges.» El pare el pujava a l'espatlla com un sac doblegat per les escales fins al llit, a les habitacions que en Magí tenia al pis de dalt del cinema; llarg com era, semblava que per darrere els braços li arribessin als talons, vomitava i anava xerrant i xerrant mentre l'acotxàvem, i ens en vam anar. «No sabeu que les pel·lícules són mentides? I que és per això que us agraden? No havíeu de cremar les granges, ni les sitges, malparits!» I reia, o plorava, tant és.

Anava ben begut. Baixàrem lentament per tal de no trepitjar els vomitats, i vam tancar amb cura portes i llums. L'havíem ajudat en altres ocasions, quan hi havia els cicles o quan vam fer la projecció d'unes cintes velles que van trobar al magatzem del casal. D'aquell dia que el poble s'estremí, ara ningú se'n recorda. Estaven en molt mal estat i no cal dir que no tenien veu. Les cintes mostraven com era tot feia quaranta anys, pedra i més pedra sense arrebossar, pedra a les parets i al ferm de les places, més gent al carrer, mainada muda i lenta que ara es mirava a si mateixa a la pantalla anys després. En Magí va treure aquella nit les imatges perdudes, imatges que no parlaven, ningú a les butaques parlava, en Magí parava la imatge, la passava més a poc a poc, l'aturava davant de rostres desapareguts però presents. Aquella nit vam tocar el cel, i el cel eren les nostres ombres o les d'algun conegut o parent, mort potser, sobre el blanc immaculat de la pantalla.

Ningú recorda quan van començar els forats a les files de butaques, el públic minvava; ningú ho diu, tothom estira el temps i explica que va ser de mica en mica, que va deixar d'anar-hi pel preu, els més cínics diuen que va ser la instal·lació massiva de televisors, tant és. Jo sí que ho recordo, encara que el pare abaixés la cara cada vegada que veient una pel·lícula a la televisió diguéssim que ja l'havíem vist. Jo sí que ho recordo, va ser aquella nit que en Magí s'adonà de la força que les pel·lícules tenien, va ser poc temps després que en Magí va canviar la programació —la primera vegada en trenta-sis anys— quan arribava el dia de reposar *El llarg i càlid estiu*, on Joanne Woodward acaba enamorant-se d'un Ben Quick posat dins del cos de Paul Newman —un incendiari buscagatoses que té tota la decisió i tota la vida que li falta a la família que l'acull—, quan encara hi havia les restes calcinades dels magatzems i la part dels afores feia olor de cendra i carn cremada. Era la primera vegada que canviava la programació, i amb aquest canvi —com un sacrilegi, com si s'hagués trencat quelcom— van venir els primers dimecres sense cinema, seguits dels dijous. De mica en mica van anar desapareixent la resta de sessions; el divendres a la nit i el matí de diumenge van ser els següents. Les sessions del dissabte a la nit i el diumenge a la tarda van tenir pel·lícules un parell d'anys més. La jubilació va ser la coartada perfecta, encara que al poble ningú es jubili mai perquè el treball dura sempre.

Tot el que queda són les històries, ara privades. Tothom sap dels relats que explicava aquella cova fosca plena d'ombres que en diuen cinema, tothom recorda les pel·lícules quan les torna a veure a la televisió i discuteix amb la dona pel final o pel nom de l'actriu. A la pel·lícula de debò tothom recorda calladament la foscor de la sala barrejada amb el negre de les cendres i l'estalzí i en Magí al bell mig, com una figura espectral a contrallum del cel rogent, una veu que diu vine, vine, vine. Tothom sap que les pel·lícules es miren entre elles a través dels ulls dels homes, i que les planes enormes dels secans són les dels deserts d'Utah a *Centaures del desert,* quan John Wayne se'n va per la porta, cap cot, enmig de la foscor.

V

CAMP DE FRUIT I BATALLA

EL TERRER

*L*a bandada, tot plegat com un bosc espès que tremola, fent les mateixes aigües que el blat sota el cerç que el pentina; com un oneig hipnòtic, com el riu des de dalt dels penya-segats, semblant al cel de sota els núvols quan es carrega la tempesta, quan hom voldria tenir més de mil ulls per mirar-ho tot ensems o no tenir-ne cap per veure-ho tot i sentir a la vegada l'aleteig i la faiçó d'aquest holograma que és la bandada damunt nostre, tot un mirall.

—Els ocells suren?

Sí, sí que suren els ocells, diu el pare, i ho veuen tot; tot ho ensumen amb aquest nas esmolat que tenen; ho saben tot, els ocells, els entra dins dels ulls petits i vius que no es mouen; encara que no diguin res, ho coneixen tot. Ara que les collites no van bé se'ns afiguren afamats, per això estan nerviosos i viuen esporuguits a les planes; d'ençà que els matem, tenen por de les xarxes i de les branques amb pega, i malgrat això, davallen. Baixen a menjar les olives o a desgranar el panís, o per entrar dins de la granja i furtar el pinso. El bosc és negre, ben negre, i tremolant cau de dalt del cel ballant la seva forma sense parar, apareixent i desapareixent, només ho fan els tords això, és el seu vol. Suren bandades immenses de tords que ara enfosqueixen el dia com bromes de tronada i ara canvien la direcció de vol i també la llum deixant sortir el sol, tots ensems com si la bandada tingués un sol cervell; els malparits ho saben tot, saben com fer-ho per anar tots alhora, diu el pare.

Sí, sí que suren els ocells, suren en l'aire i es mouen ràpids com els peixos, també, aletejant; suren, vénen de lluny com un bosc fosc que s'apropa, tot just una línia llunyana tremolosa que es va engrossint. Hi ha vegades que s'ha cobert tot el cel de negre i ni lluny, ni més enllà de les planes es veuen forats on no hi hagi tords, i aleshores es deixen caure, com si la baixada fos a plom: jo he vist des del mas ennegrir-se les planes, tancats perquè no sabessin que estàvem allà dins, mirant-los entremig del clivellat de fusta de la porta, pels forats de les finestres mentre senties com les ungles esgarrapaven les teules. Els dos primers anys no ens van deixar olives, ni raïm, ni blat, ni panís i l'oli escassejà i el vi i el pa també, i les nous verdes no arribaven a cicatritzar les ferides de les bandades capdavanteres que les següents ja se les havien menjat.

Les primeres bandades de tords apareixien al començament de la primavera, petites, com si aquelles taques juganeres i ridícules fossin un avís, només una avançada premonitòria i còmica de les nuvolades que arribarien dies després —els primers d'abril—, com vaixells desproporcionats arrasant tot el sembrat, encetant cadascuna de les espigues tot just granades, espicassant els préssecs encara petits i verds; a mitjan tardor venien per l'oest malmetent el raïm, devastant les oliveres, canviant el verd plata dels arbres pel negre, enfosquint la plana; i ni fogueres fumoses d'herba verda, ni sorolls de sirenes: tot just els espantaven d'un camp a un altre, i he vist pagesos agafats a terra

—perquè tu me'ls envies aquí—, barallar-se a mata-degolla als marges enmig d'una rotllana de tords, com si aquests els animessin a renyir; una rotllana gens espantadissa que no els feia cap cas mentre escodrinyaven el terròs del sementer, buscant les llavors sembrades o els brots tendres germinats, quan les oliveres vinclaven les branques sotmetent-se al pes dels ocells, que no de les olives, i si els pagesos s'haguessin mort l'un a l'altre no n'hauria quedat res, dels cossos. Els ocells suren sense fer força, i no busquen res, per això són tan forts, perquè no volen res, només menjar, només seguir vivint, i no dubtis que es menjarien els uns als altres si els fes falta, els uns als altres fins que només en quedés un de sol que tornaria a criar tota la bandada, diu el pare. Busquen el menjar com un sol cos, fent d'aquelles primeres ramades una mà exploradora, una mà que va a les palpentes pels camps, buscant la menja en representació de la resta dels membres que en forma de negre vindran, una bandada amb ungles i mans i un ventre grandiós per afartar. Regiren tots els terrossos llaurant amb els becs les feixes per segona vegada, per desembrar, per fer de totes les finques un desembre fred i erm, per deixar-nos sense menjar, deia el pare.

Fou aleshores quan vingué el General, arribà enmig del temps miserable amb els camions de l'exèrcit i les ulleres fosques, fregant-se les empenyes de les botes contra els pantalons per fer-les lluir; en el temps pobre i eixorc de quan els soldats desplegaven les xarxes al poble, vestint algunes cases i carrers per ensenyar-nos com fer-les anar. S'havien d'estendre de nit damunt dels barrancs cremats cobrint les fondalades de canyes que feien d'ajocador a les bèsties, o amb rapidesa per sobre dels arbres. També ens van ensenyar a fer-ho a camp obert, amb pals encolats o amb perxes llargues on lligàvem malles tensades, les parets on quedarien travats. El General no deia res, només feia amb les mans uns gestos pausats de violència continguda; mai no li endevinaves l'esguard rere les ulleres, però tothom obeïa cadascuna de les seves indicacions. Els nens havíem de córrer davant de tothom amb les xarxes i estendre-les per sobre dels ocells adormits, o baixar pels barrancs, promptes enmig del xeric eixordador i del bategar d'ales dels ocells que es desvetllaven i ens deixaven bruts de merda, de les cagarades que fan quan alcen el vol.

Els militars ens van donar xarxes, i dies després els agafàvem per milers i els aixafàvem a cops de pala, les dones i els nens també, trepitjant-los mentre treien el bec entre els fils per picar les botes, cruixint els cossos fràgils sota el nostre pes; no fa cap goig matar les bèsties, només tenen la nostra mateixa fam, i les potetes també cruixien. De vegades ensopegaves i la massa negra —aquell plomissol pudent, la piuladissa insuportable— es movia agònica sense parar sota el cos, els uns per sobre dels altres, malferits o morts, i les mans s'enfonsaven enmig d'ales i caps, i notaven com les costelles els fugien en un bategar impossible i sangonós. Caminàvem per sobre de l'estesa d'animals morts —els ocells a terra també saben surar i no enfonsar-se— macant la feixa de punts negres quiets després de la matança, només algunes plomes es mouen els dies de cerç als cossos ja secs o als marges dels camins, arraconades o penjades als matolls de les vores. La fortor arribava al poble en la calor de l'estiu des del pou del podrimener, tot esperant que dos mesos més tard tornessin a aparèixer els primers senyals de la tornada. Conten que va haver-hi famílies que aquell hivern —després d'una tardor d'inanitat i aspror, buida de collites malbaratades— van haver de menjar tords perquè no tenien res més; que els deixaven assecar, desplomats i oberts com guatlles, a les golfes o a les porxades, i que després en feien brou, brou barrejat amb trumfes i greixos de porc. Són els ocells de la fam, que vénen a veure'ns després de perdre la guerra, com una venjança enduent-se tot el que troben, deien.

La primavera següent es van repetir les bandades, no va ser fins al cap de tres anys que van deixar de venir a les planes. I una i altra vegada, desembolicar les xarxes i preparar-les a sobre dels barrancs, als arbres, vora el riu. El General tornà aquells anys de les collites mig menjades a dirigir les accions dels pagesos, per ordenar fer rases on llençar l'aviram mort o podrit, per fer plànols per aixecar pantalles de malla enmig de les feixes, per visitar la dona d'un cacic, vídua de guerra. El General mantenia sempre una distància prudent i hermètica amb els pagesos, i les mares ens agafaven quan venia pel carrer, sempre vestit de verd i tractant a tothom de vostè, caminant pel mig del carrer, signant papers sense mirar-los, com si no tingués ulls rere els vidres fumats, una verdor obscura a l'ombra de la visera.

Cada vegada quedaven menys ocells i de mica en mica la gana va anar passant. El nombre de soldats minvava però el General seguia apareixent pel mig del poble quan ningú no s'ho esperava, venia i se n'anava i, a voltes, només l'havien vist una o dues persones que es paraven al mig del carrer acotant el cap a l'espera que aquest pronunciés un Buenos Días inaudible, agut, murmurat endins, per poder seguir el seu camí tot comentant que de debò semblava un General, amb les botes ben lluents, netejant-se sempre les empenyes contra la part del darrere dels pantalons.

Diuen que l'última nit que el van veure a les planes va ser vora els barrancs cremats, dins dels tossals trencats que van servir de parapet a la guerra, quan explicà amb la seva veu timbrada que allà mateix, igual que als tords, els havien matat a tots, encerclant les posicions de l'enemic com una xarxa d'homes, deixant caure benzina en comptes de malles per esborrar qualsevol rastre de vida d'aquells famèlics animals que ja es retiraven quan les seves tropes van arribar.

VI

Pare nostre quan baixeu a la terra

L'església

*A*quells que vam tractar els déus de tu traient la pols dels sants i endreçant creus i espalmatòries; els mateixos que menjàvem d'amagat les hòsties ja consagrades sense cap tipus d'escrúpol o ens bevíem el vi beneït; aquests, no tenim cap por de morir, ni temem cap classe de condemna que comprometi només el més enllà: l'ànsia de deixar el món ens la van fer passar els enterraments, i la de viure, les misses. Vam ser els que bevíem un vi pagà més sagrat encara, sota calendaris de dones de camisa oberta i pubis poblats a la taverna davant per davant de l'església, brindant per tots els que cremaven en els retaules de l'infern dolorosament i lenta, rostint-se envoltats dels mateixos vermells i granes que a nosaltres ens omplien els gots. Tots vam viure a la casa de Déu, a la casa de tots els déus que habitaven cadascuna de les capelles de l'església, déus profans, deesses paganes de pits o ulls servits en safata, sants de cara sinistra sota els quals les velles deien oracions que la capella aixoplugava en un xantatge de paraula que espera algun troc, algun favor. M'havia après de memòria cadascuna de les cares i de les posicions de les talles, entrants i sortints esculpits en la fusta, les parts lluents de cara a la parròquia i les brutes —brutes d'aquella pols intemporal i del fum greixós de les espelmes— amagades de tota mirada, l'esquena de Déu tancada contra la paret, contra els retaules daurats que ajudàvem a repintar, quan el capellà es treia l'hàbit i es posava una granota: amb un pinzell he posat la llum al voltant de Déu amb pa d'or i cola. El sagrat no tenia secrets per a nosaltres, el mateix sagrat ens els desvetllava una vegada i una altra, en una partida de cartes que no tenia regles perquè no hi ha regles enlloc, amb les cartes marcades d'una partida tramposa: quan es juga amb el sagrat convé tafurejar reis i reines, tenir asos a les mànigues i jugar de catxa, ésser pervers.

És l'edat d'home perquè encara tothom et veu nen; des de sota estant et podies moure arreu de l'església, passar de la sagristia al campanar, del magatzem on hi havia tots els sants guardats amb robes polsoses a les capelles fosques, jugant amb estàtues i decorats, mirant de prop, descobrint els sants de joguina. Vaig voler ser escolanet el dia que, subvertint una de les ordres del capellà, ens vam acostar al sagrat, a la capsa daurada de les hòsties, i vam veure el metall barat però resplendent que l'embolcallava; vam veure els cargols daurats que el fermaven al retaule, i l'ampolla de netejador de metalls que el capellà deixava amagada darrere de la capsa de les formes: així vam descobrir les coses, mirant-les de prop, així aquestes coses ens van descobrir a nosaltres, observant-nos amb l'esguard perdut dels sants que envoltaven l'escenari de l'absis, ple de figurants de guix pintat encerclant el gran xai diví de fusta policromada, de llana de meandres voluptuosos. Tot plegat com un teatre viscut, no com el d'aficionats que van fer al poble, sinó com el veritable teatre, aquell en què els feligresos creuen, el que xiuxiuegen les velles i canten les dones joves encara sabent del pot del netol rere el sagrat, fins i tot sabent que el daurat del retaule no és res més que la primera capa de pintura que s'ha de repassar cada any; i malgrat conèixer-ho, quan el capellà aixecava el calze, tots bevien la sang i jo seguia la Maria per beure després d'ella i pensava que aquells llavis vermells com el vi dirien paraules més intenses que les de les escriptures i besarien com el raïm més dolç. Com en un teatre, la gent omplia platea i galliner enmig de tots els pilars de pedra en els quals ressonen les paraules en el camí de l'escenari vers el centre de la nau. Allà et coneguí, Maria.

L'església és gran, d'un gran mudable i de dimensions canviants, com un espai que és capaç de modificar-se en el temps a mesura que nosaltres anem creixent i que, quan en el pas dels anys hi tornem, el reconeixem a desgrat que el nostre cos no s'hi habitua. La nau central estén llarga el blanc i negre dels rajols polits, els mateixos que hi ha al terra de l'escola i al terra del sindicat de recs, a la consulta del metge, terra d'escacs comprat a l'engròs, i al passadís del mig, rajols còncaus gastats de tant passar-hi, desbastats com les pedres de l'entrada i les columnes a la part baixa, com els bancs. Vista des de fora, l'església sembla una bèstia ferma i musculada, ajaguda al terra, robusta, i la nau central pren la faiçó d'un ventre enorme que s'enfosqueix cap a les capelles dels costats sense encalcinar, capelles de pedra que contrasten amb la llum freda i diàfana del mig, llum des del cimbori amb vidres tacats de merda de colom. Les costelles dels contraforts entren dins de la construcció en forma de pilars; fa temps que la mateixa força de l'edifici va fer caure les parets falses que les tapaven, les que el primer capellà de la dictadura aixecà per tapar els signes vermells passada la guerra, els escrits a les parets que deixaren els successius i improvisats hospitals de campanya aixoplugats en la parròquia: de mica en mica la paret evidencià esquerdes i saltaren els tapassos de ciment de les parets —no hi ha cap construcció que s'estigui prou quieta per donar-la per morta, diuen els paletes— com si la mateixa església volgués donar mostres de quines eren les veritables faccions del lloc, i encara ara si mireu darrere dels llençols que guarneixen l'esquena del sant del porc, es poden veure la falç i el martell traspuant el roig sota el blanc del guix. Tampoc la pintura resisteix gaire temps, de seguida grogueja i deixa mudes de pell al sòcol clapejant, cada dia una mica, el terra al voltant de la nau amb fràgils volves de paret, amb l'excepció de les parets nues de pintura de l'absis, exposant tot de retaules daurats en una escenografia de cartró pedra decorat que descobrí com una enganyifa, daurada i colossal malgrat tot, tan gran que a voltes sembla presonera, encotillada dins de la corba que fa la nau rere l'altar. I des de sota el retaule, mirant cap enfora, com una boca, la llum entra fent bategar les portes amb força, omplint de claror la fosca de la nau; totes les esglésies de la zona tenen la porta cap on es pon el sol, els pagesos són savis i saben que el vent de l'oest fa petar portes i xarneres, mai s'obren entrades cap a ponent.

Les portes velles de l'església sempre van fer gratar els batents al terra, les frontisses penjaven una mica de la paret i esgarrapaven sota les portes un quart de circumferència cada vegada més profund i blanc dins el negre de les pedres, fosques per sempre més de l'estalzí de la foguera del trenta-sis. Les talles de les portes romanien ara amagades sota planxes metàl·liques retallades de bidons, les talles dels sants esperant pacientment les subvencions per restaurar-les que sempre arribarien l'any vinent, confiant que algú tragués la verola de bales i perdigons que querava les escenes bíbliques en fusta. En les voltes de sobre les portes, tot d'ales sense caps, querubins morts decapitats que encara conservaven restes de pintura vermella, incrustada en la porositat de la pedra i els forats dels projectils. Les portes velles de l'església, les mateixes que havies de tornar a fer gratar per pujar: només calia tancar-les una mica per poder entrar dins del sotaescala que donava accés al campanar, obertes de bat a bat amagaven la porta petita. Aquí et vaig fer el primer petó, sorties mudada i et quedaves l'última en l'estona del neguit, quan tocava i deixava de tocar la campana mentre et feia petons i manyacs. Era l'indret més fosc de l'església, la llum tot just s'insinuava molt per sobre dels nostres caps, allà on la deixaven entrar les campanes al final de la corda, i a sota, la fosca que tanta por ens havia fet. El marc de la porta del campanar estava gastat, tant, que al mig es podia apreciar perfectament la corba del gratar i les mossegades del fregament de la soga. Quan començàvem a tocar les campanes teníem por de la foscor que hi havia en la part de sota del campanar i sortíem fins a l'entrada de l'església tibant la corda des de fora i fent-la fregar contra el marc, i deixàvem marques que corresponien a cadascun dels escolanets que havíem de tocar campanes. Dins del campanar, la por, la por de les pedres calcàries foradades que acollien aranyes de cau dins dels seus embuts vellutats folrant tota la pedra, els entremigs, els sostres... la feredat que anava passant mentre pujaves de mica en mica, amb els ulls clucs que notaven els fils fràgils de les teranyines i els veies malgrat la fosca —quan es va per un lloc obscur és millor anar amb els ulls tancats, així no hi ha por de trobar-se res, deien els escolanets més grans.

L'escala del campanar s'enfila, irregular i desordenada, en graons de fusta i pedra cap a la llum que deixaven entrar els buits de les campanes. De mica en mica, tot pujant, la llum tènue que encobreix més del que ensenya. Mentre, la mà es posava a la barana i s'ensutzia de pols i de les restes seques de cagarades dels coloms: se sentia el bategar espantat i frenètic de les ales, últimes escales prop del campanar. Pujar, pujar, quan les parpelles filtraven una claror mòrbida podies obrir els ulls i començar a mirar cap avall, cap on la corda del batall es perd en la foscor, llavors només quedaven a sobre teu les campanes, aquelles que els avis de la plaça escolten amb els ulls tancats, només per comptar els tocs, temps pur d'una espera de dringar metàl·lic, pujar, pujar, jo he tractat els déus de tu, i des de dalt del campanar he vist l'església adormida, com una bèstia enorme i preciosa que jeu estirada al sol. Tots els ulls del campanar miren el poble, totes les parles del campanar li enraonen, com si cada campana que toques tingués una direcció, cadascú pensa que les campanes parlen per a ell, i així fa dir a les campanades el que vol sentir, perquè quan no hi ha paraules hi ha totes les paraules, a cada toc de campana una síl·laba, puc-fer-vos-dir-el-que-vul-gui, es-ti-mo-la-Ma-ri-a.

He estat estès, estona i estona a sobre de la teulada del campanar, mirant bocaterrós pel mig dels ulls de bou, esguardant des de dalt com el capellà feia la missa i com passaves a combregar, Maria, tot estirat damunt les teules mirant als ulls a sant Joan Baptista, aquells ulls que des de la nau mai es podien veure —puix deia el capellà que sotjaven Déu a les altures— i que ara, amb la mà aixecada del braç negre de sant Joan, m'assenyalaven a mi, a mi quan em trobaven l'esguard, espiant el seu mirar des del retaule trist d'ulls foscos i mal pintats, els mateixos que hi havia en els prestatges del magatzem en un cap sagnant en safata. Llavors podia aixecar-me i contemplar el poble escampat al sol del migdia, quan la foscor de dins de l'església esdevenia més intensa perquè tu sorties a la plaça vestida de diumenge, i aleshores m'espolsava bé i baixava ràpid cap a l'entrada per trobar-te encara a les porxades, per dur-te a la part fosca sota el campanar, allà on la por no deixava entrar els escolanets. Així totes les abraçades i petons tenien el gust de la pedra humida i freda que sadollàvem, amarant-la des de les parets dels llavis, mentre abraçats en la penombra vèiem sortir les dones dins dels abrics barats i rosats del diumenge.

Els dies de festa grossa cantàvem des dels cors a cada costat del creuer, sostenint un paper rebregat d'on se suposava que havíem de treure una cançó, ara en llatí ara en castellà, mentre mirava la Maria cantant des de l'altre costat de la nau, davant meu, pensant que quan deia que estimava el senyor, m'estimava a mi, sabent-me destinatari de la foscor barroca del moviment dels llavis alhora que les veus omplien la nau i els vitralls de color matisaven les parets de vermells, de blaus i verds i figures impossibles i contrafetes. Els finestrals del mig tenien un sant Jordi, i un sant Francesc d'Assís amb llop i tot. En els vitralls del final tot just es distingien els retalls de color deformats i ennegrits a causa del socarrim que produí la foguera, que els afegí una semblança esfereïdora i trencada, com si en comptes de sants fossin figures de martiri o potser demoníaques, però tots ells filtraven la llum que et va fer el vestit vermell mentre cantàveu, només des del cor de noies, que Déu era amor i a fe de Déu que ho era, amor de porpra i negre.

Només de tant en tant al final de les festes assenyalades, però aleshores amb una destresa de ballet cinematogràfic, els dos cors, el de noi i el de noies, anàvem sortint de mica en mica cap al carrer, aplegant-nos simètricament com una cremallera en el passadís central, on ens esperaven els homes amb alguna imatge a les espatlles, la guàrdia civil i el batlle, amb els cabells molls i pentinats i un tern que no amagava ni el ventre desproporcionat ni el postís del posat damunt d'aquell cos, acostumat durant tant de temps a anar amb faixa i avarques. Avançàvem pels carrers, perpetrant cançons litúrgiques i maltractant psalms llatins que mai no havíem tingut temps d'assajar, en una processó lenta i desmanegada que murmurava oracions mentre caminava descompassada, amb el soroll de fons de les sabates de diumenge contra el terra de pedra. Darrere del moviment pendular i perillós de la imatge dolorida i descantellada, una filera de noi i noia cantava, tu anaves davant de tot i jo darrere, a tocar de les primeres dones tapades amb el vel negre, algunes del braç d'altres més joves, esposes o filles de les autoritats, que miraven complagudes la mínima victòria de veure cantar tots els fills dels republicans a la processó, on els nostres pares ens enviaven, com a missa, com als actes polítics, per tal que no es prenguessin més represàlies... havien guanyat i nosaltres perpetràvem cants en un llatí que elles no entendrien mai, mentre la gentada feia colze a les cantonades o s'aturava per pregar al mig de les places. Anaves lluny meu, Maria, davant de tot, així ho decidírem per no aixecar més sospites. Els dits em feien olor de salat cada vegada que havia d'ajuntar les mans en el prec que venia vermell des de dins del teu cos cap al cel.

De tornada, l'església ens esperava allà on l'havíem deixat, silent de portes obertes, sabent del traüt de bancs i veus que arribaven fent una última genuflexió abans de tornar a casa i penjar amb cura els vestits de diumenge arrossinats, i entre la bellugadissa et veia una llambregada, una mirada de reüll abans de córrer enfora amb alguna excusa. D'amagat entraves dins l'escala fosca del campanar, expectant darrere la porta, i no sé si el cor et bategava de por o d'espera, però te'l notava sota els pits, ràpid com els llavis, com les mans i com les cames que pujaven cap a dalt del campanar, on ningú no ens buscaria, on només arribava la mirada trista, filtrada enmig de les claraboies brutes, de l'estàtua de sant Joan, aixecant el braç mentre miràvem l'església ajaguda al sol, amb la teulada humida i lluent com si l'haguessin fregat amb netol, quasi daurada.

VII

Venda cantada dels colors dels pits

El mercat

A en Pere Salvador, que ve del sud, les taronges li pregonen el preu més barat de la plaça; les té bones, les taronges, només té taronges i dàtils, i de tant en tant puja llimones que canvia per cebes, de les petites, si són petites no es fan malbé tan aviat. Els dàtils no els canvia, cada dia fa net tot i que els ven cars; de vegades, emperò, fa truca per orellons de préssec i albercoc, a voltes l'àvia en treia, amuntegats sobre els mateixos encanyissats on s'havien assecat al sol, plens de mosques... no fan res les mosques, es poden menjar igualment. També mengem llet amb dàtils; la carn es deixa trinxar bé dins dels pots de terrissa si treus amb cura els pinyols, fins que la llet que hi posem fa pasta... a Tunísia en diuen dolç de llet, d'això, ens ho va contar en Pere Salvador, dit altrament Safor, que abans d'hortolà havia estat comerciant d'espècies.

No hi ha cap altre lloc al món com el mercat, no n'hi ha cap altre perquè el món només té un centre, i el centre és un mercat curull de gent que es mou i crida. Tothom sap que el mercat més gran és ben igual que el més petit, és el més petit, i que aquest té dins seu la gran ciutat, els seus carrers, les seves cases, les seves places fetes entre edificis que ombregen ací i allà sota els tendals, protegint la fruita que es ven caramullada als taulells; tots ho sabem, tots els mercats són iguals, si no no serien mercats, i també ho són les ciutats, si no els homes no hi podrien viure. Ho diu també en Safor, que va viure molt temps a Tunísia i sap com parlen, i et diu com es diuen els préssecs i els dàtils a Tunísia, i et diu com es diu anca de dona, pits de dona, i aquests noms tenen noms semblants a les fruites, perquè a tot arreu les coses es diuen i flairen igual. Ho diu en Safor.

La plaça del mercat és el lloc i el moment, un retall, com una festa que només se celebra un cop per setmana. Jo sé que no hi ha res com el dijous de la fira; al seu costat el diumenge de missa queda petit, i ara entenc per què el capellà ens diu que Crist va fer fora els mercaders, sabia que ells venien coses més boniques, gèneres fascinants, portats de lluny, i els oferien amb el preu de paraules de rialla; també Ell parlava, però els comerciants sedueixen, i la dona de la parada de calces i mitges de niló tothom la imagina vestida amb les calcetes de puntes, i els homes saliven quan la veuen passar movent els malucs cap a la parada d'en Safor a buscar llet amb dàtils, que tot ho faig igual de dolç, Carme, tot ho faig igual de bo, pren-ne una mica més i queda't aquí una estona que no tinc gent a la parada i així em faràs venir els homes, i les dones darrere caminant de gelosia. I en Safor explica com a Tunísia les dones que venen les mercaderies al mercat van amb el cap tapat amb mocadors de colors i amb un vestit que els embolcalla el cos, i amb ulls esbatanats diu que hi ha dones que no duen res dessota la roba i que quan el sol es pon i caminen, es veuen ombrejar els cossos i aquell moviment carnós fa una olor bellugadissa de cardamom i te, com la parada de la Carme fa olor de cotó i tint, i per sempre més tothom veurà sortir del seu escot el soroll de les capsetes de cartró i l'olor de les calcetes sense estrenar.

Em deixen sortir del seminari perquè el meu pare no el pot pagar del tot, i el rector dóna fe de la meva bona conducta, bona conducta de brou de gallina, bona conducta de quarts de corder amb què de mala gana l'obsequiem. Quan el prevere ens explica el funcionament de les butlles, a casa ja fa temps que en paguem. Sempre ha estat així, a casa, sempre hem hagut de pagar el que tocava, es de bien nacidos ser agradecidos, i si el rector passava pel mercat i em veia arrambat a la Maria, no deia res a ningú d'això —ja ho entén ell, pel cap baix dos nens del poble tenen el seu mateix nas i la mirada intrigant—, no deia mai res el capellà, Déu ajuda a qui s'ajuda, i quan tinguis exàmens al seminari, no preguis, fill meu, estudia, favor per favor.

Surto del seminari per anar al mercat, surto del seminari per anar al lloc sagrat on cada dijous es compra tota vida, al lloc on l'ànima sol quedar fora, i quan la deixem entrar es posa en els buits que deixen entre si les pomes vermelles amuntegades, o es dispersa com la sentor dels sofregits que remenen dues germanes vídues a l'altre costat de la plaça, vora els cuirs. Vaig al mercat a vendre llet i mantega, la nata, el mató i el formatge fresc una mica més cars, i els capellans reben bons informes del rector, és un noi treballador, informes de verdures i embotit, de formatge de cabra. Abans que em posessin a vendre, de petit havia anat a jugar al mercat, a passar pel mig de les parades, a tafanejar, a escoltar els crits del xai que en una parada mataven a la vista de tothom i que en un tres i no res el veies en forma de costelles tallades, de cuixa feta a talls, i el cap espellotat, preparat per anar al forn; dinar de diumenge, un cap per cap, festa. Festa de xai, de conills, de porcs. El mercat sempre ha estat el lloc de la festa i del sacrifici, i del dolor del porc a mi em van donar la bufeta inflada, un lloc per explicar la paraula del que ha passat lluny del mercat, enmig dels laberints de les parades.

Les llengües són diferents, diu en Safor, malgrat que la gent s'entengui, perquè no parles la mateixa llengua que el teu pare, Assís, no la parles; ni volent-te-la ensenyar l'aprendries, la del teu pare, puix hi ha tantes llengües com persones. És la primera lliçó del mercat, aquí no es venen mercaderies, es venen paraules que semblen tenir forma de coses. Així m'ho deies tu, Maria, deies que aprenia paraules noves al seminari que tu no sabies, paraules que cada vegada deia amb més freqüència, i que tu escoltaves, prudent. Jo et deia poesies que m'havia après, el Catul prohibit, i t'ho traduïa. T'hauria pogut dir qualsevol cosa d'aquells versos però et deia la veritat, i t'explicava que els llibres del seminari que teníem guardats amb pany i clau parlaven de les carícies i del riure, com el que tu feies quan a poc a poc t'acaronava el coll i la part de sobre dels pits. Buscava de bon matí el lloc a la plaça i us guardava el vostre, esperant impacient que es fes l'hora de l'arribada, quan el teu pare em mirava mig rient mentre anava traient la terrissa, els càntirs i els barrals d'enmig de la palla, Assís l'escolà, Assís el rectoret que cada dijous ens ven la llet, se'n fotia. Però tant em feia perquè després et veia els ulls, i el teu no dir-me bon dia era el millor bon dia del món. No dir paraules de vegades és dir totes les paraules.

—Digues-li alguna cosa a aquest noi, Maria —deia en Safor des de darrere del taulell—, que fa dues hores que guaita cap al carrer, posa-li un plat a sota i digues-li bon dia, que si es desfà el tindrem en un pot. No ho veus, com està? S'ha posat vermell? Una paraula teva serà prou per sanar-lo.

Vaig començar a anar al mercat quan era petit i anava a ajudar la mare, quan les matemàtiques eren els quarts de formatge i els decalitres de llet, i aprenies l'oratòria dels venedors de mantes, la música de l'esmolador de ganivets, la llengua dels qui parlaven com tu i que no comptaven a mestra. T'amagaven les paraules a l'escola. L'escola no podia oferir res si la vida era al mercat, el lloc sagrat que l'algutzir delimitava amb guix cada matí ben d'hora, com si trencar l'ordre poligonal que dibuixava retalls blancs per tota la plaça esdevingués el pitjor sacrilegi que hom pugui imaginar; les rinyes de cada matí pels taulells massa a l'esquerra o massa a la dreta, per les caixes sense amuntegar. La vida era allà, en cap altre lloc, en cap altre lloc cridava en Safor les paraules que havia après a Tunísia i que repetia en veu ben alta sota les porxades de l'església i reia quan sortia el capellà, dominus vobiscum, mig rient, Allah és gran, senyor rector, miri quines figues, xucli.

Les figues, la Maria. La mantega, la Maria, l'oli d'oliva, la Maria, tot, tot la Maria que espera, la Maria esperada tota la setmana fins dijous. T'untava de mantega i d'oli, Maria, les nits soles i llargues del seminari, i et veia nua a la plaça del mercat, tocar les parts és pecat, els pensaments impurs marceixen el cor del bon cristià i el semen cau damunt del ventre; t'untava de paraules que diuen que l'oli verge és per a les verges, que la mel que em posaves a la boca amb la punta dels dits tenia gust d'herbei i sal. Et vestia d'imatges, d'imatges de llet blanques i netes, suaus com la nata, com quan em vas ensenyar els pits i jo et vaig dir que eren pits de Verge de la Llet, mirallant per dins del teu cos els de les verges d'aquells dos quadres del gòtic que ens van ensenyar els canonges, les verges que donen el pit al nen, i el nen s'agafa al pit com jo m'agafava als teus, i en aquell moment el centre del món era el teu mugró, el centre érem tu i jo venent terrissa i mantega al mercat.

Vaig començar a anar al mercat quan era petit, el temps quan el viure l'apreníem al teatre amb els putxinel·lis dels comediants, on el llop i el ric sempre acabaven perdent, encara que a casa estiguessin preocupats per les lletres que se'ns menjaven les finques. Les poesies les deia el que feia de príncep rere els decorats, el mateix que sortia i anava cap a la parada de la Carme i allà, emprovant-se sostenidors i faixes, feia mofa de cadascuna de les dones de les parades. Tothom reia. Aquells ninots de roba que duia a les mans tenien llicència per dir qualsevol facècia, i una vegada fins i tot es van atrevir amb la guàrdia civil, aquell dia que el comediant quedà estirat al mig de la plaça, tot el mercat va caure perquè les bufetades i els cops de puny ens van fer mal a tots, i vaig veure dolgut el carnisser asclar les costelles amb el marràs com mai li ho havia vist fer, i la dona que esponjava matalassos va fer-se sang a les mans de tan fort com feia anar els pals. Aquell dia ningú reia. Aquell dia vaig aprendre que hi ha gent que mai formarà part de cap mercat perquè no entén paraules, i com que no n'entén, després no en sap dir a les dones com jo li dic a la Maria versos apresos dels putxinel·lis, torna-me'ls a dir, torna'm a dir que tinc els pits de Verge de la Llet. Fugia d'escola, del seminari i del món a través teu, Maria. Estimava el teu cos perquè era fora del meu i no obstant això els ajuntàvem, sota les teranyines polsoses de les golfes que acabàvem duent al cap; a sobre dels sacs de farina del rebost que et deixaven la pell més blanca encara; vora el riu damunt l'herbei. Em demanaves què deien els llibres que duia i t'explicava les històries d'amor que d'amagat llegia. Va ser aquell temps que et vaig dir Beatrice, Julieta, perquè totes les dones sou Beatrice o Julieta; fou el temps de llegir-te Lorca i, sobretot, March amb les mateixes paraules que et recordaven com parlaven els teus avis de l'Horta, quan eres el meu mercat i el melic et coronava el ventre com la font la plaça, dient paraules dolces com la mirada de la Carme i les teves mans de terrissaire vora la boca prenien el gust de l'oli d'oliva, tast daurat i verd als llavis.

L'arbre sense tronc

Fugia del món en els colors de la fira, en els verds i grocs de les parades d'herbes i caramels. Els venedors de fruita tenen tendals vermells per fer els fruits madurs, i negres els bacallaners perquè el sol no cremi els peixos, blancs com les calcetes de la Carme. Els matalassers i els tapissers no en gasten; en canvi vesteixen el terra amb robes de tota mena i condició espargint llana i farcits gruixuts per a cadires, retalls, cortines i estores velles, tot damunt dels canemassos i de la roba de sac que serveix per recollir. Mirades des de dalt, les teulades de les cases de la plaça continuen en les de les parades, deixant la font al mig. La teva parada, Maria, tenia la lona de color blanc, la meva de color de cel amb núvols perquè el sol fes la llet d'un blanc encara més blanc, relluent del greix del damunt, la nata que ens menjàvem sucrada a mig matí; te'n donava, i les comissures se t'encalcinaven d'un blanc lletós que somniava besar.

El mercat era el centre del món on de grat venies l'ànima i desitjaves ésser qualsevol dels venedors que tenia una vida diferent de la teva, el lloc on et disfressaves en les paraules per tal de poder dir com el peixater, verat, ventresca, bacallà, petxines. Manllevaves signes i gestos del guarnicioner, els gestos del cuir i de les navalletes; prenies la fortor dels estanyadors de família nombrosa i bruta o dels tapissers que ocupaven tot el davant de l'Ajuntament. Volies ser cadascun dels personatges de la plaça, els putxinel·lis de defora del decorat, els actors de debò que tenien paraules pròpies. Xiscles de venda de taronges, crits rere les robes i els bacallans penjats, Maria, te'l compraré aquell vestit, no, aquell no que és massa fàcil de treure i acabarem de seguida, l'altre d'esquena oberta. Les parades del mercat creaven cercles concèntrics al voltant de la font del mig de la plaça, com el laberint esculpit que hi havia en un dels pilars de l'església, repassat i repassat amb els dits d'unes quantes generacions, Ròmul i Rem van llaurar Roma, ens deien al seminari, i l'algutzir guixava els límits d'aquell esdeveniment preciós i escàs que ens congregava a tots quan l'hora era començada, quan com els pelegrins cada dijous caminàvem cap al mercat, sense esperar cap altra benedicció que la venda de paraules salades, embolicades, tallades.

Al mercat, al mig del món, s'han de tenir paraules; no n'hi ha prou amb dur la mercaderia i callar, perquè si no la Maria no em besarà. Diu en Safor que a Tunísia els homes que es barallen ho fan dient poesies, i afegeix que els versos dits en àrab poden encisar-te encara sense saber-lo, perquè no cal entendre les llengües per saber què diuen; al mut que ven feixos de timó i de llorer no li sabem els mots però li capim el seny, perquè no cal entendre les llengües per saber què diuen, i ho diu en Safor que sap el francès d'Algèria, que no és el mateix que el de França, i l'àrab de Tunísia, que no és el del Marroc. Si vols vendre, digues, i si vols la Maria, parla.

En Safor ha venut totes les taronges, les té ben ensenyades, sempre li pregonen el preu més barat.

*L'espantosa realitat de les coses
és el meu descobriment diari.*

ALBERTO CAEIRO

PART SEGONA
Nus

VIII

De quan el meu semblant representava follia

El viatge

No sent, ne veig, ne oig, ne conec res,
ans m'és semblant que en aquest món no sia;
voler fer juí ab la raó és demés,
que, com més pens, més mon seny es desvia.
O io no só, o no es pot fer que sia
res del passat semblant del que és present.
En so d'estrany mir tot quant fa la gent,
e mon semblant representa follia.

I el viatge començà per la carretera estreta i corbada, amb el soroll eixordador del motor de l'autobús i del sotrac de paquets, embalums, seients descargolats del terra i terra que cruixia a cada corba. Tot era pudor de plàstic i de gasoil mal cremat, estava brut, aquella acumulació de capes de sutzura que dificultava saber quin era el color originari dels seients, freds a l'hivern i molls de suor a l'estiu sota el blau marí llardós de l'escai. El soroll de dins del meu cap, però, encara era més fort: deixar-los, deixar-me definitivament, quan un se'n va és per sempre, només te'n pots anar una vegada, només hi ha una oportunitat per anar-se'n, els llocs no te'n deixen més, no et perdonen tornades.

Havia anat a buscar l'autobús tot sol, l'esperava picant de peus a terra un cop i un altre per treure'm el fred, enmig de l'era vora la carretera que feia de parada improvisada. Des de la carretera veia tot el poble, quiet encara, és d'hora, les sis del matí, hora aviada i encara fosca, per això la boira filtra de nit els llums de l'autobús. Una àvia del poble veí m'ha demanat de qui era, l'última vegada que em faran aquesta pregunta, jo els conec, venien al mercat llet i formatge, el feien bo. Jo els conec, anava dient la vella cap a l'estació del tren. Se m'acabava el poble, feia temps que ho sabia, però qualsevol excusa era prou bona per tal de perllongar l'estada. Els estudis del seminari havien arribat a la seva fi i la prova de la universitat sortí bé: llatí, grec, els clàssics, francès i anglès, totes menys la meva, oficialment, és clar, el pare Lemozi ens n'havia fet, de classes de català, a la cuina, d'amagat del superior. Les llengües van ser el meu delit des del començament, qui sap si per en Safor, que em deia constantment paraules en altres idiomes, qui sap si pel que vaig aprendre a la plaça del mercat. El cas és que anava a la capital a aprendre llengües, i que jo encara no sabia quines, quines, pare Lemozi. Totes.

Ets ric en paraules, deia la Maria quan l'estenia sota meu, ets ric en paraules i en carícies, i ara haver de deixar-la, mudar la pell de serp enmig d'aquest viatge, allunyar-me de tot el que havia estat important em matava dolorosament i lenta, quan la vibració constant dels vidres m'impedia l'arribada del son, tot i que no havia dormit gens, la nit abans la Maria havia vingut a casa, no havíem dormit gens.

Gent crida gent, el poble em feia fora i la ciutat em xuclava.

—Hi ha dos tipus de ciutats, Assís —em deia en Safor—. Hi ha ciutats que et fan fora. No pots fer res per impedir-ho, són les ciutats costa amunt, les que sempre et posen pujada, com si et demanessin en tribut una escalada agònica i centrífuga cada vegada que vols arribar al seu cor, esllisant-te avall. Quan creus que ja t'has instal·lat i te la saps teva, comences a rodolar des del centre cap als afores, sense adonar-te'n, de mica en mica, fins que et sents un estrany enmig dels carrers, i veus totes les cares encara més desconegudes. Altres ciutats, Assís, se't menjarien, fins i tot sense veure-les comences a notar la seva atracció, engolint-te de lluny com un remolí, suau al començament, que augmenta i augmenta, i de cop maldaràs per no anar-te'n, per no fugir, i si la dona no vol la ciutat deixaràs la dona i tal vegada les amistats també. No sé què és que ho fa, però és així, no tries la ciutat, la ciutat et tria. Passa el mateix amb les cases, no s'ha construït la casa que t'agradaria que fos teva, sinó que tu li agrades a una casa, i ella et sedueix com ho fa la dona. Són ben vives, les totxanes i les bigues, són ben vives.

M'adormia en el mig son de cansament i de tristor, aquell que convoca tot tipus de pensaments estranys i els fa ballar en la somnolència vaga de l'albada. Pensava i repensava una vegada i una altra les raons de la meva marxa, pensar molt les coses és la manera de desafectar-les —la raó les esbocina, enterra les afeccions—, però aquestes segueixen creixent dessota fins que el tel fi que hem teixit per tapar-les s'esguerra; ara calia teixir, però, calia treure's del cap tota sensació de desassossec, amagar-les. Marxava i pel camí tot era nou, el vent aspre neteja les cares i belluga els cabells, grata dins del cap tot allò que t'encaboria. La raó s'adorm de mica en mica, suau com llisca, i el nas comença a funcionar olorant per sota de la sentor de l'autobús l'oreig d'un altre lloc. El nas nota canvis mòrbids d'aire, aires més pesants, d'altres punyents dins dels oronells, passa com amb l'aigua, hi ha tantes aigües, tantes diferències segons el lloc. El nas nota el sopor, me'n vaig.

> Per sentiment he perdut lo sentir,
> que pler no em val ne em mou malenconia;
> mes noves són variants de patir,
> mostrant que fon d'aquest meu dan la guia.
> Entre bo e mal mon juí res no destria,
> sols me regesc per l'instint de la natura.
> Apoderat de dolor perdí cura,
> que mon semblant representa follia.

Tot em fa mal en aquest viatge que en res s'assemella als altres. El trajecte encara és el mateix, encara no he arribat al seminari i conec cadascun dels revolts que farà l'autobús, cadascuna de les serres, dels sots que fan grinyolar suspensions i seients. Res no canvia i tanmateix tot és diferent si el sentir és un altre, com l'aire dels indrets que canvies i l'aigua. És com quan feia formatge: totes les peces eren iguals tret de les que amanyagava per a la Maria, per aquestes el sentir era un altre, diferent de totes les olors de la llet, quan els formatges començaven a fer una sentor especial per a la Maria, fins i tot la forma de pit blanc que els donàvem quedava més aconseguida en els que guardava per a ella; vaig dubtar-ne tant, de la seva veritable naturalesa, que li vaig demanar al pare si hi veia res especial, res, no va veure res, són les coses les que ens trien a nosaltres. Cada corba, cada sot, però, avui sona diferent, i en l'últim viatge descobreixo indrets que la mirada fins ara havia camuflat, i aquell gos que sempre surt a bordar al pas de l'autobús corre avui diferent, o té el pèl més curt.

L'arbre sense tronc

Penso amb el nas, com quan la mare em va amorrar a la tina del quall, plena de sèrum i amb grumolls de formatge surant —ara ja sabràs quina olor ha de fer el formatge, digué—, com quan llauràvem en saor i s'aixecaven les llesques de terra, flairant com oloraven els teus pits després del mercat, pits de terrissa. Endormiscat, el sentiment m'esmussa el sentir, encara que veient-me ningú no ho diria, sempre s'ha dit que la processó no té altre camí que el de dins, i ara ploro dintre meu, i per fora faig que dormo, les llàgrimes ningú no les veu, el plor més intens és el que es fa cap endins. Al poble ningú no plora mai perquè la terra t'ha ensenyat a fer el cor fort i a convertir el plor en ràbia; i ara, de viatge, començo a odiar, i a sentir-me fort. Hòstia, ja no sé ni què em passa! I també fred, i el nas se'm tapa de tant que sento, i comença també a fallar, a no sentir res pel camí que brolla a baix per la vall. Tots coneixíem al poble el cas de la Rosario, que es va tornar boja quan li van trobar l'home cremat al mig del paller mentre dormia; la raó quedà quieta, i ni el nas ni els plors li feren entendre el perquè d'aquella soca de crostes calcinades que semblava tenir braços i cames. Res pot fer entendre les massa coses. La raó queda curta, i quan no hi ha paraules per dir és perquè ningú no s'ho explica, i la raó se'n va en silenci, sense dir res.

I jo m'adormo.

> Sols bast sentir que he mon desig perdut,
> per desitjar lleixant la fantasia,
> car acte tal em fa devenir mut,
> mirant aquell al record que solia.
> Llavors somnïí despert, e que dormia;
> ab dret sentir, plorant conec que só,
> e, despertat, retorn sens passió,
> e mon semblant representa follia.

És el món que es mou sense que tu et moguis del lloc, d'enlloc, com el comediant de la plaça que era la riota de tothom, mentre feia ganyotes corrent, tot corrent sense avançar i els peus li tocaven el cul o de vegades aixecava els genolls gairebé fins al pit i aleshores queia. Nosaltres ens movem, però el món va més ràpid, empaitant-nos, sempre ens acaba enxampant. Mira tots aquests firaires, deia en Safor, fa anys i anys que vénen, tenen taulells i atuells gastats i les espatlles corbades, les mans els faran olor de bacallà per sempre més, i fent tot aquest esforç no han pogut fer altra cosa que anar passant, canviar de poble dia sí dia també però tots els pobles a la fi són el mateix poble. El pare també ho deia, res no canvia a casa des de fa molt temps, les mateixes finques, els mateixos masos, fem més quilos de blat, i a més ara fem formatges, però quan me'n vagi pensant que he fet coses miraré al voltant i veuré que no he fet res, que no m'he mogut d'enlloc, que tot segueix igual, com si tot el que hagués fet a la vida fos treure herbes dels marges que cada any tornen a créixer, i al final jo me n'aniré, i si ningú no les treu faran la festa i acabaran prenent les feixes, diu el pare, tot just anem al pas del món.

Tinc les cames fortes, mirades així, recolzat contra el respatller del seient de davant del tren, em tiben els pantalons. De petit no encara, però quan vaig fer el canvi se'm van començar a inflar, i els braços i les espatlles també, i així fou que van haver-me de comprar una bicicleta nova perquè la vella ja no m'aguantava el pes, els pedals es torçaven, i amb la nova podríem posar cada vegada més pes al carretó de darrere. La bicicleta nova era bona, la millor que hi havia al taller de la ciutat. Per provar-la vaig tornar-hi muntat, content fins al poble, amb el carretó nou de trinca darrere. El mercat. Per anar al mercat del poble del costat el camí de dins era pla, hi havia la carretera a l'altre costat —per què hi penso ara?— però les carreteres són per als cotxes, no per als homes, són per als rics no per als rucs. Tibava el carretó enganxat a la bicicleta, i els primers dies la netejava de la pols del camí que grisava el negre brillant dels ferros. Centenars de vegades he fet aquell trajecte, cada part del camí, el lloc on havia d'anar més a poc a poc perquè els pots d'alumini sorollaven massa, les parts de terra més fina, els bassals d'aigua. El camí no canviava i jo tampoc, tinc les cames fortes. Per què em ve ara al cap tot això, si dormo?

Per anar amb bicicleta duia els bombatxos de gomes als turmells que m'havia fet la modista, i també la jaqueta de pana que malgrat els sargits als colzes feia bona fila, i així les dones compraven, feia goig i net i la tornada a casa era lleugera. L'anada, la tornada. M'estimava el camí i ara veig que el feia perquè el lloc no em fes seu, l'anar fa que el temps no vagi, als avis que caminen de pressa no els encalça la mort. L'anada i la tornada, l'anada i la tornada, com una cinta transportadora que corre sota els peus, d'un poble a l'altre. Quant ha de trigar un ciclista que surt d'un poble i va cap a un altre si va ràpid perquè no se li fongui la mantega? I si el carro pesa més del compte? No sé per què somnio tot això, ni per què ara em vénen al cap els problemes de matemàtiques de l'escola. Em veig a mi mateix lluny, d'esquena, pedalant pel camí. Els llocs es comuniquen entre ells a través dels homes. M'adormo, obro els ulls mig despert, em torno a adormir.

> Los ulls, lo cor, lo seny e lo voler
> e el pensament que Amor dins d'ell nodria.
> van esperduts, abstrets de llur poder,
> seguint Amor, no sabent per qual via.
> E, si per cas negú d'ells se canvia,

volent mostrar de mon estar la contra,
tots los restants ensems li vénen contra,
e mon semblant representa follia.

El tren és lent, para molt —l'autobús és més suau però no arriba fins a la capital, has d'anar a buscar el tren per arribar-hi—, em desperta i em torna a adormir el vaivé constant, de vegades fins i tot brusc. Aquests paratges no són els meus, allà les serres són suaus de l'argila que la Maria va a buscar i després pasta per fer els pots. Dormo per no pensar-hi i és ara que em ve més al cap. Et veig al mig de la plaça dient-me adéu, Maria, al riu quan a les fosques ens banyem, venent terrissa al mercat, cantant els boleros que tant t'agraden rere el taulell. Viatjar és arribar i anar-se'n, tant és arribar com anar-se'n.

Vaig somniar durant tot el viatge, com una mena d'anestèsia, com si tot l'anar fos contar una història. No hi fa res que la història no tingui cap mena de sentit i que les imatges s'enganxin com un collage vertiginós de fets, d'esdeveniments inconnexos, de persones que apareixien després d'anys de no haver-les vist. «Els cargols els has de trobar a les soques, els has de buscar entre els plecs que fan les arrels, busquen aixopluc els uns en els altres, i quan en treus un pots estar segur que n'hi ha més, que furgant trauràs raïms de cargols amuntegats els uns contra els altres, enganxats, preparats per passar l'hivern, perquè quan arriba l'hivern, qualsevol tipus d'hivern, les bèsties s'arreceren com els homes, els uns en els altres, com les vaques quan ve tronada; i si mai tens por, si t'arriba algun hivern, ja veuràs com cercaràs refugi.» I el refugi tenia forma d'esquena, de l'esquena de la Maria, quan s'ajeia i jo li agafava les espatlles entre els pits i els braços; però també de les nits fredes que passaven esperant que parís alguna verra, o que finalment sortís el vedell, les nits que tots passàvem en vetlla, les nits dels altres. Anar-se'n, marxar enmig de la nit, deixar els altres.

> Bé de dos mals que per veure tenia
> los béns que absent han mon seny desviat,
> dels dans preniu, no de mi, pietat
> pus mon semblant representa follia.

«Quan tinguis por, canta, no preguis, que en llatí o en català només t'entendrà un Déu, i la música els agrada a tots.» Em venia al cap una vegada i una altra aquesta poesia de Pere Torroella, mort i enterrat feia més de quatre-cents anys, la primera poesia que em vaig aprendre. La llum àcida de l'interior de l'autobús i la fosca, als marges serralats defora, em reflectien una cara lletja al vidre, i tot d'una havia començat a descabdellar estrofes que ara seguia al tren, que el meu semblant al vidre de la finestra representava follia, com quan deixes qualsevol lloc que tens apamat i n'has de conèixer més, i a l'indret on arribes sou inconeguts l'un de l'altre.

Així era la gran ciutat, així eren les rodalies on entràvem —«hi ha ciutats que et fan fora i t'acaben condemnant talment com si fossis culpable, i vas marxant cada vegada més lluny del centre, fins que arriba un moment que no saps què et lliga a aquell gabial de blocs i carrers, senzillament no et saps la cançó, no has après la cançó que tota ciutat posseeix enterrada dessota»—, rodalies brutes de roba estesa a assecar i marges d'herba feréstega vora el canemàs garbuixat de grava i rails lluents i rovellats. Calen les paraules aquí també, pintades a les parets d'obra vista o a sobre dels vagons. No sent, ne oig, ne conec res i com més penso més se'm desvia el seny, i davant aquest viatge que tot m'ho fa desconèixer, no tinc cap altra cosa que aquest poema, el que vaig arribar a cantar a lloms de la bicicleta, durant trajectes curts i coneguts que no tenen comparança amb aquest llarguíssim sense retorn. Allà tot ho coneixia, ací res, endormiscat.

Com si fos un fil d'Ariadna, un cordill tensat de sonoritat indeterminada, el primer poema que em va ensenyar el pare Lemozi torna a sortir una vegada i una altra. No és possible caminar sense dir paraula perquè tot viatge és un llibre de viatge, i els pagesos, tot i fer els trajectes curts des del poble a les partides o des dels masos fins a casa, canten damunt dels carros cridant la veu entre els tocs del campanar que trenca l'aire, encara ara alguns a sobre dels tractors. Tot això m'ho dic mig adormit al sol fluix que es comença a deixondir, apareixent entremig dels núvols esquinçats pels brancatges de pals i fils elèctrics, i per això en el son no sé si penso prou tot el que dic ni sé si dic tot el que penso. Maria, aquest va ser el primer poema que et vaig dir a cau d'orella quan anaves amb el capell de llum lletosa a la cara. Baixo, i a l'andana fosca no sent, ne oig, ne conec res, tothom corre, Maria, desconfiança i fortor de lavabos que transpiren amb taques d'humitat a les parets i al terra. La ciutat se m'obre i jo tinc son.

Quan un se'n va és per sempre, només te'n pots anar una vegada, només hi ha una oportunitat per anar-se'n, els llocs no te'n deixen més, no et perdonen tornades. Desorientat, camino entre palplantats a l'estació.

IX

El carro del tot pel camí del no-res

La biblioteca

El camí avui és ple de fang, com ho era aquell dia al final del trajecte que feia tot el saber del món, quan el saber del món l'estirava una mula que no dubtava a cagar ensenyant el cul al carro on viatjaven Romeu i Julieta i Madame Bovary ensems, ben apretats per cordes nuades que no els deixaven respirar. Tot ben ple del fang que vol més fang, d'aquell que acaba fent vores a les sabates, el mateix que xuclava els pneumàtics al carro en roderes fondes que de tant en tant ens obligaven a baixar per empènyer, omplint-nos les sabates d'aigua, fent-nos vores de fang.

Avui, tants anys després, cal anar per la tria, per la part central del camí més alta i sense aigua; als costats, els bassals tenen un aigual llarg del color regirat de la pluja que no deixa veure el fons, i que els dóna una fondària indeterminada, la mateixa que ara ja fa temps ens feia patir per l'estabilitat del carro i que desviava el caminar de la mula pel camí, fent esses que clavaven ací i allà les rodes, renegant com descreguts envers els pallers, esperant l'aixopluc per a nosaltres, per a la mula i per a Maquiavel i Voltaire.

Des d'aquí veig allà baix la feixa vella del camí de les Forques, on se'ns va quedar entrascat el carro, on la mula va dir prou quan tant el vell com jo teníem a la llengua la part més seca del cos; tot el dia caminant, pobra bèstia, i es fot a ploure com una obstinació, quan ja albiràvem una mica de claror de les primeres llums del poble, trencant el tel negre lila de nit. «Et vindré a buscar amb la condició que anem pels camins de dalt i que sigui de mig matí cap a la tardada», i així fou que vingué a esperar-me a l'hora pactada, però així fou també —com avui— que no vam comptar amb la pluja, sort que el vell sempre duia un tapall que —malgrat la seva finor i forats— ens serví per aixoplugar tota la gent que carrejàvem. Alguns d'ells s'havien mullat abans de parar definitivament als pallers, però no podíem córrer més, la mula defallia i s'hauria pogut rebentar. Encara ens quedava un bocí fins al poble, una hora de camí si fa no fa, temps suficient per esgotar una mula ja massa cansada, massa vella, massa gent damunt del carro.

La feixa avui comença a ensenyar les carreres del sembrat, les noves sembradores alineen les llavors som si ratllessin un full a cada feixa i el cereal, amb les primeres pluges de l'hivern, inicia una verdor novella, intensa, tendra i humida com la terra. També aquella nit d'abril el blat verdejava, però no el vèiem; a les palpentes baixàvem els Aristòtil, Stevenson i Verne, nuats perquè no es perdessin. La mula estava cansada i la pluja no li feia cap bé, així que decidírem deixar a terra dues terceres parts dels viatgers. L'altre terç era els dels nascuts els dos últims segles, i essent més joves podrien seguir el viatge a sobre del carro, aguantant l'aigua, però a aquests els tocava baixar, i a les fosques vam enterrar Horaci, aquí mateix, aquí on s'acaba el marge; trepitjant el sembrat tou, caminant sota la pluja tot buscant un lloc per fer un clot i posar sota terra a cobert tots els que en fila a sobre del blat verd i moll esperaven a les fosques el seu recer, en una rasa improvisada i fonda que ara jo, ara el vell, cavàvem ràpid per encabir tota aquella multitud. La pala buidava el forat fent llesques grosses, les que després ens van servir per tapar-los, la mateixa terra que al dia següent feia una panxa enorme a sobre del sembrat malmès, maltractat de tant trepitjar-lo en l'anar i venir a les fosques. Allà fou on enterràrem de nit més de dues terceres parts del carregament de llibres que venia de la ciutat, Proust i Poe dormiren junts una nit de pluja sota el cel negre de les planes mentre el carro arribava als pallers vora el poble, allà on podríem eixugar la roba i dormir nit llarga.

Els pallers estan tots caiguts o esventrats, a hores d'ara; abans servien per emmagatzemar la palla i el blat per a l'hivern vinent, però ara han quedat en desús; a poc a poc els barrons han anat cedint i les teulades mostren corbes impossibles a les escames de les teules. Hi ha parts adobades amb obra nova, arrebossats grisos al costat del groc pàl·lid del fang sense coure, alguna biga de ciment que sobresurt restaurant l'obra vella devora els altres barrons de fusta, donant-li uns quants anys més de vida, però el que predomina són els forats enmig d'unes parets tan febles que sovint arriben a enfonsar-se per la pròpia debilitat. Aquella nit, però, un d'aquests graners ens va acollir, mentre dormíem al costat de Thomas Mann i de tants altres, separats i deslligats a fi d'estendre'ls a sobre de la palla, així també ells s'assecarien una mica. Per eixugar-se millor molts d'ells van dormir tota la nit ben oberts, el pes de les tapes dures els obria esponjant les raimes per perdre també l'aigua del llom. Semblava que realment aquell paller fos el seu lloc natural: a la llum ataronjada del primer foc, que assecava roba, cossos i paper, i que ensenyava l'estampa de la primera biblioteca del poble posada a assecar, ben molla i estarrufada per terra, a sobre dels munts de palla i dels sacs; el vell i jo vora el foc, el carro i la mula sota el xipolleig de l'aigua a la teulada.

El matí ens va agafar condormits, amb la roba encara humida i enganxosa. Havíem d'anar a buscar la resta dels llibres i calia marxar abans que el poble comencés a sortir al camp. Sabíem que amb la pluja no eixirien de casa tan aviat, potser a l'horta sí, però no a la part de les planes on només hi ha sembrat; al cereal no se li ha de fer res quan plou, tant li fa que te'l miris com que el deixis estar. Tot i així, reculàrem ràpid la traça del camí i amb dues pales vam desenterrar vint segles de literatura de sota el blat. Estaven tacats, alguns d'ells tenien terrossos mig esbocinats al mig que no permetien acabar-los de tancar. «Aquest senyor tindrà la farina més llesta i llegida de les planes i també el sembrat més aixafat, ja hi pots comptar», el vell no parava de remugar, i no puc dir que anés mancat de raó; hi havia una bona estesa de fang barrejat amb mates tendres que quan s'endurís no deixaria créixer el blat, un fangar que dibuixava recte una línia de sortida cap a l'espona. Només els llibres del mig havien quedat del tot secs. Els altres, tant els de la part de sota com els que hi havia dalt de tot tapats amb la terra remoguda, van quedar molls i bruts de fang. Es tractava de carregar-los ràpid, puix que seguia caient una pluja fina però constant que semblava clavar-se a la carn, i a mi el vell em començava a fer llàstima, «sóc massa gran per fer aquestes comèdies, enterrar i desenterrar llibres, déu meu, quines bestieses». Quan vaig arribar al carro —era jo qui treia els llibres de la feixa i ell qui els carregava—, vaig trobar un *Guerra i pau* sota una roda i, sota l'altra, un diccionari de sinònims i antònims, «el carro se n'anava i ha estat el primer que he trobat per fer falca, ja els netejaràs a casa».

L'arbre sense tronc

Així seguírem cap al poble, de matí ben molls, plovia. Eren les vuit i per allí no es veia ningú que poblés els pallers i les eres, que prenien encara més l'aire tètric de diumenge plujós; ens les miràvem cansats, les eres. Cada còdol o clot que passava el carro se't clavava dins del cos fatigat, notaves la pedra més petita sota les rodes; enmig del sacseig els llibres es movien en totes les direccions possibles; més d'una vegada vaig haver de baixar a buscar Neruda, un llibre fi que s'escolava entre el reixat de les fustes del carro. En Josep del drap parlava, havia estat enraonant tot el viatge d'ençà que ens havíem trobat a la cruïlla del ferrocarril, el lloc habitual de càrrega i descàrrega, on vam baixar els paquets de paper fi que la pluja havia esmicolat; quan només en quedava d'enganxat als cordills que lligaven llibre contra llibre. El carro s'esperava a l'estació de l'enllaç, allà on la via es parteix per anar cap a la muntanya o cap a la següent ciutat. El tren féu una breu parada i en un moment vaig obrir la porta batent del vagó i vaig amuntegar tots els farcells a sobre del carro, quiet en el camí paral·lel a la via. Els llibres provenien de la capital, de la biblioteca de la universitat on havia estat treballant a canvi d'un sou miserable, de les exempcions de la matrícula i dels vals del menjador.

Era el treball a hores, enmig de les prestatgeries plenes a vessar de llibres de tota mena: les traduccions, els intèrprets, els atles i les publicacions enquadernades, feina sota la llum freda i trista de fluorescents que em deixaven els ulls vermells, els llibres que mai ningú no agafa sota la pols d'anys. Podies saber quant temps feia que un llibre no era lliurat en préstec per la capa grisenca que li tapava la part de dalt dels fulls, el mateix filtre gris i indeterminat que amagava el color crema dels arxivadors, retallat de ditades i rectangles de diferent color, allà on hi havia hagut llibres i fulls. Cada dia arribaven llibres nous a la biblioteca i d'altres més vells sense embolicar, procedents de donacions recordades amb ex-libris, dedicatòries i fotografies familiars oblidades entre les pàgines. A baix, als magatzems, s'amuntegaven les recepcions, palets plens de paquets de llibres, la major part encara sense obrir, com si la biblioteca temés obrir els regals que li arribaven; manca de personal, en deien. El desori dels magatzems era més gran a mesura que s'hi anava entrant, si en els primers metres encara es podien entendre les piles i distingir les separacions que entre els munts d'exemplars s'havien fet, més endins el desordre de llibres i llibres pendents de catalogació, sense etiquetatge, de classificació i de col·locació ajornada esdevenia caòtic i al final, en la part més allunyada, on no posaven mai el nas els funcionaris de la biblioteca, les muntanyes de llibres es classificaven només si hi havia prou espai. Allà els llibres havien acabat esdevenint un poble petit, una mena de restes arqueològiques disposades en forma de carrers i cases: volums apilats sense cap altre criteri que la forma, el color o l'enquadernació acabaven bastint parets, arrenglerats com si fossin totxanes de paper, fent pilars i fins i tot sostres sobre els prestatges rebutjats a dalt, a la biblioteca de debò, però exigua comparada amb la Babel desmanegada de sota. Tots aquells llibres amuntegats rectes, fent parets i pilars, construïen un veritable laberint de carrerons i places, il·luminat per fluorescents penjats que de vegades quedaven presoners entre parets de llibres que arribaven fins al sostre. Més d'un d'aquests murs havia fet figa i n'havia arrossegat un altre, en una estesa de llibres inclassificable: art, farmàcia, llibres verds, química, psicologia, vermells petits, literatura, i aleshores es queixaven deslligant les raimes del llom, doblegant els escaires, arrugats i oberts, d'aquell obert esponjat que mai no es torna a tancar bé. Milers, centenars de milers de llibres fent un poble al costat de muntanyes de text, com un paisatge de paper i cartró que només acabava perquè al fons apareixien les parets de debò; llibres tancats que no ho eren, perquè tothom sap que un llibre només ho és quan algú el llegeix; mentrestant, només són paper i lletres, que mostren ufanosos un llom gravat cara enfora, una esquena; un cos, no un cap.

El magatzem feia olor de tancat només en el moment d'entrar. Després, de mica en mica, s'anava perdent aquella sentor de paper imprès, com quan olores de prop un diari. La fortor que se t'acabava posant a la roba i als cabells, que no la perdies estant tancat, et feia perdre l'altra de fora, la de l'aire, t'acostumava. Molts d'aquells llibres no veurien mai la llum, segurament passarien d'un magatzem a l'altre, d'un registre a una llista, d'una llista a un dipòsit i finalment a un magatzem de nou. Fou aleshores quan vaig començar a emportar-me llibres a casa, dins de la bossa ningú mirava i l'habitació que tenia llogada aviat va tenir els armaris i els prestatges plens, i també sota el llit, fins que el terra va ser un doble enrajolat d'obres de Shakespeare i clàssics i l'olor del magatzem tufejava per la meva cambra.

En aquests subterranis nasqué la segona biblioteca del poble, trepitjada pels peus descalços quan al matí em llevava per anar a pixar i, més tard, sota un matalàs cada vegada més alçat i inestable tapant el massís de llibres que li feia de somier, un somier que clavava entre la llana, sota l'esquena, la duresa d'aquest o d'aquell altre escriptor. La foguera davant de l'església la van saldar els nacionals amb la de la biblioteca del poble, la primera que va tenir, la de la república. Des d'aleshores, l'única biblioteca que hi havia era la de l'escola, una enciclopèdia, bíblies, Lope, Samaniego, Azorín, diversos exemplars del Quixot de lletra ínfima amb la inscripció daurada «un solo brazo le bastó», res més al prestatge únic i despoblat que duia el nom de biblioteca escolar. La nova nasqué portada cap a casa dins de bosses que ningú no mirava, cap a l'estació del tren, de mica en mica, un mes d'anar i venir per deixar-los tots dins les caixes del vagó que uns amics dels primers sindicats dels ferroviaris em van deixar. I cap a casa, al costat dels vedells que feien nit en el vagó de càrrega, acompanyant Carles Riba, que venia al poble per primera vegada.

Des d'aquí dalt es pot veure la línia llarga, el camí extens i durador creuant les planes cap a l'estació, recte com és, i més blanc que les feixes fressades i obscures. El camí segueix el trajecte del tren fins que en llocs de pas s'eixampla i el creua. Des de dalt d'aquest morro de serra es veuen tots els passos a nivell que ara emblanquinen la via de terra, ara l'enfanguen. En un d'aquests passos s'esperava en Josep al matí, fent-se ombra amb la mà per tapar-se d'un sol perfecte de primavera que escalfava cara i esquena. Una vegada carregats els llibres, tot mirant les peces sagueres de les bèsties que m'havien acompanyat en el trajecte, em mirà sorneguer: «Assís, vols dir que no seria millor que carreguéssim un d'aquests bous?» Les primeres hores del matí van passar ràpides, tal vegada perquè anàvem a poc a poc i potser també perquè feia temps que no muntava en carro; no obstant això, malgrat la lentitud de la mula, el carro del drapaire ple de paperots era el mitjà més segur per portar novament una biblioteca al poble. «Els llibres són bons —deia en Josep del drap— perquè tenen bon pes de paper; com que els fulls estan molt ben posats pesen molt.» Des de petit que coneixia en Josep del drap, l'home que al mercat comprava ferro i paper i qualsevol altra cosa sobrera o vella, fusta de noguer o ampolles de vidre; fins i tot recordo haver-li parlat mentre li donava la mantega d'herbes que havia encarregat, la que la mare feia amb timó, però poca cosa més. Per això em sobtà el coneixement acurat que tenia de la meva família, de l'avi, de l'home mort de la Calama i fins i tot dels estudis que estava fent a la capital. A l'hivern sortia amb el carro a buscar ferralla, i a l'estiu encara de tant en tant marxava amb la bicicleta a fer d'esmolet pels pobles, feina que havia anat deixant de fer a causa de la seva edat. «Abans —em deia— era pagès, la malaltia em furtà la dona i m'hipotecà les terres, i vaig haver de sortir d'esmolet amb la bicicleta, les moles i una flauta que no sabia fer xiular.» Havia anat per totes les valls i era difícil dir un poble per petit que fos on ell no hagués tocat cap tisora o marràs. «M'agradava la comarca plana: fins i tot en la boira era bonica i amb el fred de l'hivern també; prou que en fa aquí també, de fred, però allà hi ha més poblets i més masos on arrecerar-te i els camins són plans, plens de corbes i arbres. Als masos on esmoles ganivets o fulles de dalla, et donen esmorzar i et deixen quedar a dormir a la pallera. Saps que tenen eres de rajol davant dels masos? Jo no n'havia vist mai, d'eres de rajol. Després de la plana, les muntanyes són altes i no hi ha camins bons, encara rai la bicicleta. Més enllà encara n'hi ha una altra, de plana, i després França. Tots els camins són corbes.»

En tot el paisatge, els camins com aquest són drets, no es torcen ni quan han d'esquivar els lloms suaus de terra, sinó que els tallen com si els volguessin marcar l'espinada. Els lloms s'aixequen tranquils i moren delicadament lents, com si no hi volguessin ser, calladament; no et deixen veure en la plana res més que pendents i pendents com onades mòrbides de terra. Quan ets dalt, ho veus tot, àdhuc el camí entretallat en altres lloms; avui no tant, plou i les bromes emboiren el terrer. Així va començar a encapotar-se aquell dia de març quan en Josep m'explicava històries sense parar, d'arreu, de les dones que va conèixer després que el cuc del mal corsequés la Patrícia, dels noms dels diferents menjars dels pobles, deia de tot. Els trobadors, que anaven tots en el mateix paquet darrere de la seva esquena entrelligats en els volums de color verd, escoltaven amb els ulls esbatanats el que el vell contava, les cançons de ball que murmurava i que repetia un cop i un altre quan s'equivocava; els Miserables es removien dins les pàgines del llibre gruixut quan en Josep explicava dels bombardejos; i jo veia una altra biblioteca, ara no en forma de casa sinó en forma d'home vell que, al meu costat, tibava la mula.

El camí es feia curt, tot i que estava cansat i perseverava a ploure. Els núvols van fer la tarda d'hivern encara més escassa. Només un camió de bestiar ens va passar, els llums els vam veure de lluny i l'únic vermell que duia darrere trigà a desaparèixer, tot lent. Anàvem ben tapats, la mula vestia per sobre uns sacs de plàstic, cosits amb corda fina que deixaven lliscar l'aigua de pluja sense mullar-la gaire. «També es pot viure sense llegir. No he llegit mai res jo, i me n'he sortit. Els plànols dels llibres —els atles— no et diuen res de la fressa dels salts de l'aigua ni de l'olor de la terra quan s'acaba de llaurar, i les cares de la gent cap llibre te les explica.»

La terra acabada de llaurar. També em va passar a mi, això, un dia de setembre anant amb el cotxe amb la finestra abaixada, venia de lluny, com un crit inaudible de bon començament que de mica en mica es feia sentir més i més intens, i de sobte, rere la corba, un tractor que havia encetat la feixa, voltejant la terra com qui hi escriu. No, no en diuen res, d'això; i tanmateix, els llibres. Els llibres que vam tapar tot esperant la pluja, els llibres que vam enterrar. Tots aquells exemplars van estar-se a les golfes de casa, oberts o estesos, penjant per les tapes com si fossin samarretes, dies i dies. Era la primera biblioteca d'ençà de la crema de llibres, i aquests ara se salvaven d'una crema pitjor, la de no ser llegits. Els companys del poble van posar en funcionament aquella multitud de noms i de títols al taller mecànic, amagats en una habitació a les fosques amb una bombeta al mig que vam omplir de llibres fins dalt. De seguida van començar a veure's els buits que deixaven entreveure les parets de darrere, que tan i tan poc s'assemblaven a les dels magatzems de la biblioteca.

X

Món sota món, fum sota fum

La taverna

*É*s el temps canalla que baixa a la taverna, quan la roba et pren la fortor de les bótes de vi, i els ulls el seu color. És el temps canalla que et demana conèixer el món soterrat de la taverna, baixar les escales i trucar a la porta per poder-hi entrar i trobar tots els vicis, aquells que et fan home, perquè ésser pervers és l'única forma de saber-se a l'altra banda del món i, sabent-ho, truques. Si la finestra s'obre et mirarà un personatge sortit d'un quadre de Velázquez, que quan tanca la porta torna al seu lloc aixecant la copa per brindar per Bac, el Déu del vi. Rius perquè ell riu, canalla. Des del carrer només es veuen dues finestres allargades que traspuen una llum càlida als peus dels vianants i al mig una escala irregular que no tothom baixa, els disset graons dels quals pren el nom la taverna *Els disset graons del Congo*, que condueixen a una porta de fusta que no acaba d'ofegar el soroll de la música ni l'olor del fum del tabac que, dins, ennuega els ulls i resseca la gola, desitjosa de vi, i el vi vol més vi.

El soterrani es veu fins al fons, profund com una gorja i desmesurat enmig de la boirina de fum i humitat; ningú diria que darrere una porta tan petita pot haver-hi aquesta gatzara ennuegadora, un món que se li escapa al món de dalt, al món de dia i seriós que no vol admetre que hi ha un altre món al voltant de la barra, la barrera de fusta i inox que es tanca quadrada al mig d'aquesta cripta que fa de celler prenyat de vi de tots els colors, de conyacs forts i de maltes de dubtosa graduació i procedència. El món de debò no vol saber-ne res, de la foscor grisenca de fum que enfarfega suara l'ambient, de la foscor plena de xiscles i rialles, de les cançons de la petita orquestra de sis músics i dels gemecs i de les paraules de falset de les putes. El món de debò dels gentils prohoms no en vol saber res, d'aquest altre situat a la mateixa fondària que les clavegueres, però sap que sota cada edifici hi ha pous de clavegueram, i tots els patricis han desitjat aixecar la tapa rodona de ferro i escrutar la foscor que no deixa veure res. Per obrir cal donar tres cops a la porta del Congo, i la cara d'un bergant surt per una finestreta i et mira, et mira els ulls i si s'hi veu, passes.

Dins del catau hi ha el joc, els jocs de cartes que se saben totes les lleis i totes les trampes; l'atzar dels daus sorollosos dins dels gobelets de cuir gruixut; el soroll dels rebots dels billars amb les boles que xoquen rabioses i precises, lluents per sobre del verd tacat i gratat. Aquí damunt va ser on es va fer la juguesca de les deu corregudes del camioner valencià que la puta va guanyar; set orgasmes, la puta va guanyar. En Llibert, l'amo, diu que el marbre d'aquestes taules ha lluït més joies que els colls de les dones que van a l'òpera a pocs carrers d'aquí; diu que cap revolució matarà tants burgesos com els daus, «creu-me, Assís, l'atracció de l'atzar et sedueix i et pren, fins i tot l'home més assenyat necessita arriscar, encara que tingui prou cèntims, encara que la seva dona sigui prou bonica, baixarà les escales i trucarà a la porta, i si no és el joc seran les putes, mirate-les, tindrà una dona més bonica, una dona que et faria ballar el cap i perdre'l, però buscarà una barjaula enmig d'aquest cafarnaüm per fugir del món de debò», diu en Llibert. Al fons hi ha les habitacions, darrere de les cortines negres, passat el rebedor amb la llum fosca i la madame mirant de reüll com si l'hagués pintat Goya amb ocres vermellosos, amb una rialla sense dents, amb una porta al costat on cal trucar.

Les ballarines aixequen les cames davant de senyors amb havans gruixuts, eixarrancades mentre els músics s'eixuguen una i altra vegada la suor perlada que els mulla el front i el cap. Quan les joves estiguin triades sortiran les més velles, pintades com una aquarel·la descolorida, que pel llit demanaran vi i sopar i poca cosa més, perquè ja no fan la peça per a un quadre de Toulouse-Lautrec com els que hi ha a les làmines barates penjades a les parets. I els nois, el violinista que deixa de tocar quan arriba l'home de la gavardina, els transvestits de maquillatge exagerat, i els que fa deu anys que diuen tenir-ne setze, tots hi són. Aquí, al pidolaire que demana a la cantonada de la universitat li ha crescut la cama que li faltava al carrer i balla, i balla tot el que no podrà ballar de dia, quan haurà de caminar coix i posar cara de dol, i si em troba quan vagi a estudiar, em mirarà de reüll tot rient.

No tanquis els ulls, cal baixar més encara perquè més enllà hi ha la part fosca de la fosca, la que no surt als llibres, aquella que no vols mirar sota disset graons més: el fumador d'opi on hi ha camells de tota mena i cels i paradisos que suren fumosos vora el sostre; aquí els extasiats no parlen amb paraules sinó amb un fum càlid i pesant com parpelles, boques de fum, els ulls couen. Al mig d'aquesta caterva de respectables metges, d'advocats distingits de rètol daurat, de militars, de funcionaris, hi veus tots els somnis de cadascuna de les formes abaltides amb la boca oberta i els ulls tancats. A la paret del fons, com una imatge religiosa, l'extractor en forma de creu que fa temps que no funciona deixa passar una llum apagada i trista, una llum que no ve del cel sinó dels fanals del carreró de darrere, dels camions sospitosos, dels tràfics il·lícits de treballadors, de blanques, drogues, tabac i alcohol, comerç clandestí de treball i vici, tal vegada el primer comerç, tal vegada l'únic comerç.

—Aquí es ve a buscar l'èxtasi, aquí es ve a fugir —diu en Llibert amoixant-se els cabells cap enrere, negre humit de cervesa per fer-los forts—. Mentre es juga no es pensa, tothom vol jugar, i si no juga a les cartes, ho farà amb les putes, amb els nois, i si no vol temps, li donarà la mà al quiromàntic perquè li digui el futur, o tot plegat amb la francesa, la puta que sap llegir el tarot, la que li jugarà a les cartes tot el seu temps i acabarà mentint-li perquè, Assís, el futur és prou trist, no hi ha res de nou, la carta de la roda de la fortuna ens diu tan poca cosa com la sota d'oros o l'as de piques. Però encara que no ens creguem les cartes —continua en Llibert— tornem a baixar, no volem la veritat, volem que ens expliquin històries, tornem a baixar... jo vaig baixar fa tant que ja no recordo quin fou el temps de la meva arribada, fa tant temps que em vaig quedar aquí, per sempre més en aquest soterrani acotxat com una tomba... Aquí el somni de la raó no produeix monstres senzillament perquè no hi ha monstres, i no ho és el retardat, o el bavós de mirada perduda que repta a tothom amb juguesques de força; ni la vella del tabac que es pinta com si tingués quinze anys, grassa, esperpèntica; ni el delinqüent de les cicatrius a la cara, ni tampoc jo, que cada vegada faig més per aquest cau, i com tu algun dia si no deixes de venir —en Llibert sempre diu que espera no trobar-m'hi demà.

Però jo hi torno. Hi torno perquè aquest món no el vaig veure al poble, perquè aquest món no me l'ensenyen a la universitat. Aquí hi ha Catul envoltat de meuques, hi ha Dante rient enmig de les cares mortes dels embriacs mentre el Lazarillo balla amb el cec a la rotllana, i si escoltes bé enmig de la música de trompetes i boleros podràs destriar paraules en llatí, in taberna quando sumus. Velázquez que s'ho mira, torna a pintar en un triomf de Bac la cara que ha sortit del quadre per obrir-te la porta, s'han de baixar disset escales i trucar tres cops. Jo torno a trucar, encara que no jugui, encara que les meuques i els nois no em diguin res, senzillament miro, em barrejo amb tots ells, amb els escurabosses, amb els lladres de per riure, amb camells de paperines de farina, falsificadors, metges i noblesa sense títol. Hi torno perquè hi ha el món aquí baix, el món que no m'ensenyen a la universitat, el món que no m'ensenyaven al seminari; hi torno com quan a l'escola fitava distret les finestres fugint enfora; hi torno perquè hi ha els clàssics que estudio, hi ha Plató i Virgili entre aquestes ampolles, hi ha Sòfocles entre les dones que perden les dents, les pells i els anys entre llençols i gots buits, hi són els trobadors i els mestres cantaires que diuen paraules fines a les coristes al mig del ball. No hi són, als llibres, són aquí.

¿I de matinada...? fujo, me'n vaig a estudiar. De matí passo per sobre dels envinats que dormen, és difícil no trepitjar-ne cap, però no es queixen, no remuguen. El sol està a punt de sortir, el cel matineja mentre dos pinxos n'estomaquen un altre i el carreró s'omple de gemecs i crits. La ciutat és lenta, la nit ha estat llarga i la taverna ja és buida.

XI

Les mirades del bronze

Reunió

«*E*studiï llengües, i no deixi que les llengües l'estudiïn a vostè», deia en una de les últimes cartes que vaig rebre, una d'aquelles que començava a mostrar en les línies i en el traç de les paraules —ell, que sempre havia gaudit d'una cal·ligrafia excel·lent— una evident manca de fermesa en l'escriptura, el moviment involuntari i vacil·lant d'unes mans que ja no aguantaven el paper i que feien que la ploma —aquella que d'ençà que la Maria li va regalar va servir-li per despatxar tota la correspondència— deixés ací i allà les taques blavoses i estirades de tinta que pigoten tot el full. Les línies ara pugen i ara baixen; la lletra, tot i que cada vegada és més grossa, es confon per la pèrdua dels blancs interiors, sobretot en les os i en les as, i les majúscules ja no tenen els ornaments que d'antuvi trobava en el meu nom, aquelles corbes que obligaven a resseguir l'adreça i el nom escrits al sobre. Mai, però, una falta d'ortografia, un error de redacció o, en el contingut, un oblit; la puntualitat i correcció de les seves cartes només era superada per la seva pròpia pulcritud, per l'ordre que impregnava tot el que feia. La perfecta cal·ligrafia —la cal·ligrafia quirúrgica, en deia ell—, l'elegància de les seves expressions i salutacions manllevades sovint d'altres idiomes —de l'italià, del castellà o del llatí—, el plec perfecte d'un paper que en una cantonada duia el segell en relleu de la seva diòcesi i, per damunt de tot, els sobres de paper gruixut que comprava quan venia a la capital feien que el desordre que imposava el mata-segells a aquell objecte d'artesania desmereixés l'aire solemne del conjunt. «Estudiï llengües i no deixi que les llengües l'estudiïn a vostè, Assís.» El pare Lemozi ho repetia de tant en tant, gairebé com una sentència, en llatí, en francès o en un portuguès més semblant al del Brasil que al de Lisboa. La frase l'havia extret durant una visita d'estudi d'un dels molts llibres que, en una de les parts d'accés restringit de la Biblioteca Vaticana, romanien tancats amb pany i clau rere gruixudes portes de fusta, continguda dins d'uns comentaris que feia un capellà jesuïta —arribà, segons les cròniques, a confessor d'un prelat, i hom el tenia per una de les persones més influents de la cort vaticana— en la presentació del llibre que un altre jesuïta havia escrit durant el segle XVIII sobre com comportar-se dins de la cúria. El capellà, assabentat de la corrupció de la cúria i molest per les traves que alguns cardenals posaven a tot el que es volia fer, va arribar a la conclusió que allò que menys importava per poder estar a la Biblioteca de Traductors era la capacitat de treball, l'erudició gramatical, la sagacitat en la tria de textos o l'elegància en la narració. Bisbes, cardenals i prelats intentaven col·locar allà davant peons que poguessin gratar d'un llatí —que de vegades ells mateixos no coneixien prou— textos o sentències en forma d'aval davant del dret canònic d'aquesta o aquella resolució, que els poguessin donar més poder o més independència de la cúria en la presa d'algunes decisions. Els textos que els deixebles del confessor acabaven duien un breu pròleg signat per Ricard de Jesús de la

Vall, Confessor, on en referència a les dificultats que havia hagut de superar el traductor per poder ser un dels quaranta de la Biblioteca es llegia: «...i acabo aquest prefaci no sense recordar al lector la necessitat d'estudiar llengües, i la importància que les llengües no l'estudiïn a un.»

Tot això ho anava pensant mentre mirava l'última carta que havia rebut, encara a mig obrir, amb l'adreça del meu despatx escrita amb mà tremolosa. Esguerrava la tanca lentament sota la taula, per no fer el soroll que en delatés la lectura, la taula al voltant de la qual estàvem asseguts els professors, el·líptica i llarguíssima, de fusta massissa i lluent, la mateixa que escoltava pacientment totes i cadascuna de les reunions dels docents de la facultat. La sala de reunions era coneguda com la sala dels caps. Havia pres aquest nom a causa de la gernació de bustos que poblaven les parets, assentats a sobre d'uns peanys de guix que intentaven imitar capitells antics, sobresortint de la vertical del mur per mostrar les testes de bronze, identificades amb els noms dels il·lustres prohoms de les lletres i de les ciències, de la tecnologia i de la societat que havien impartit o rebut classes a la casa, financers i mecenes de la universitat; i, per sobre d'aquests, en una altra renglera, hi havia els caps dels autors clàssics. Tot plegat recordava més aquells menjadors plens de trofeus de caça que un repertori de personatges importants. Els caps, disposats a la mateixa distància, només augmentaven la seva separació per deixar lloc a finestres primes i allargassades, que filtraven una claror tènue entre els vitralls decorats, com si defora sempre fos núvol, i conferien a l'ambient, conjuntament amb la decoració de fusta fosca i brillant, un to d'una solemnitat tal que ben bé et podia traslladar a dins d'una estança de començaments de segle, sota la mirada d'homes il·lustres d'una edat tan intemporal com la dels clàssics.

Als bustos de bronze se'ls havia aplicat una pàtina fosca i càlida, d'un color torrat certament semblant al del cafè que deixava lluir —especialment al nas, però també als pòmuls, als llavis i a les celles— una tonalitat coure que indicava que, sota la capa exterior, aquest podia ser el veritable color dels caps, mentre que en les altres parts de la cara, i a causa de les successives neteges a què havien estat sotmesos, la pintura s'havia anat esvaint i havia anat afegint un to molt més realista, àdhuc psicològic, a les obres que, d'altra banda, semblaven totes elles haver estat fetes per la mateixa mà. L'escultor havia atorgat als bustos una expressió greu, ensenyant encara en els llocs menys visibles o secundaris com els cabells, el coll o la nuca, les ditades ràpides i efectistes del motllo de fang, transmetent al conjunt un aire encara més dramàtic, tant si el model era viu davant seu com si es tractava, en el cas dels clàssics, d'una expressió extreta d'un retrat pintat o d'una escultura que venia de lluny en el temps. Així, personatges que coneixia per pintures del barroc o per l'estatuària clàssica —on podien aparèixer amb un lleuger somriure o amb actitud distesa— mostraven aquí una fesomia de seriositat i rectitud moral que havia de ser exemplar, la mateixa que aparenten els prohoms dos pams més avall.

Sota els caps de les quatre parets, els nostres, discutint com cada any a la mateixa època els pressupostos, les modificacions del reglament, règims interns, misèries i mesquineses, càrrecs, línies polítiques i cases de nova construcció a la costa, misèries, misèries com cada any, escoltant sense escoltar les opinions i les diatribes que sortien, la retòrica pura que s'etzibaven els uns als altres. Fent-me el distret, havia acabat d'obrir la carta, dissimuladament desplegada a sobre de les cames, on ningú podia posar-hi la vista. La reunió, llarga i inútil com totes, oferia ja la primera lliçó; la primera lliçó de la universitat que diu que sempre hi ha els uns i els altres i tant els primers com els segons demanen que prenguis partit, en el moment just en què no dir res esdevé l'opció més dolenta, malparit, aquest no diu res. *Apreciat Assís; després de rebre la seva carta escric aquestes ratlles una mica decebut, amb la tristor d'aquell que veu confirmats els seus prejudicis, perquè no hi ha enlloc diferències, Assís, i així trobarà que els tractants de bestiar o els pinxos de la farinera parlen igual que els professors, i veurà de prop com haver llegit Plató no fa que aquestes persones canviïn.* No deixen de buscar el reconeixement, prestigi, els mateixos diners que estafen els pinxos dels canals, el mateix que busquen els especuladors de la carn o dels pinsos i, encara més, amb una diferència a favor d'aquests: mai un lladregot fingirà que no ho és, mai no ho farà. Les reunions de claustre serveixen encara avui perquè em senti emplaçat a l'altra banda, enfront d'ells falsejant un paper que no hauria de ser el meu, fent d'alumne fastiguejat d'aquells que parlen de projectes magnífics i de línies de futur en un horitzó quimèric i inabastable *i coneixerà les persones per com d'humilment i reservada parlen de les seves fites i, ruboritzats, d'allò que aconsegueixen, perquè no hi ha lloc d'arribada que el temps o l'oblit no puguin esborrar, i si els veu grassos recordi Juli Cèsar, i si la conversa va a parar a les vacances a la muntanya, tregui el cap d'allà i torni'l a la feina, torni als textos que sempre han estat la seva veritable casa,* deia el pare Lemozi, llegit d'amagat, amb les mans sota la taula sostenint el plec perfecte en tres parts de la carta, davant la indiferència de les veus que escatainaven a la reunió i sota la mirada atenta i impertorbable dels bustos, aquesta mirada de les estàtues que sempre et troba, com la mirada del cinema o com la de la cara que surt al televisor. No calia anar als textos. Tenia al meu voltant tots i cadascun dels caps pensants, aquells que havien escrit els millors llibres de la història i que jo ara, des de feia cinc anys, ensenyava a traduir, *estudiï llengües, i no deixi que les llengües l'estudiïn a vostè. Cal evitar sempre que els altres parlin d'un, faci que la seva feina sigui la que centri les converses, només així, quan vegi que el treball és constant i honest, podrà aïllar-se d'ells. El treball, Assís, el treball és l'únic que importa, la resta, el món, són els seus voltants, només serà quan faci, només serà allò que faci. Segueixi estudiant els textos, comenti'ls, tradueixi'ls, parli'n i sobretot no s'oblidi d'enviar-me'ls; jo també els vull llegir. Però no deixi entrar dins dels paràgrafs l'acritud, no hi deixi ficar el nas a aquests que no es mereixen entrar-hi. No hi ha cap altra manera de viure entre els homes —fins i tot amb aquests que acumulen llibres i prestigi— que la de posar-los límits; si no, tard o d'hora, entren dins de la vida de cadascú de nosaltres aquelles maneres de fer que sempre havíem jurat deixar fora, i aleshores els trobarà dins casa seva discutint com i què ha de fer,* així són els homes, o si més no així els veia jo ara, amb americana blau marí i corbata de ratlles, discutint atribolats sobre els pressupostos que eliminarien algunes assignatures i amb elles alguns professors, o sobre les obres de remodelació de l'ala est que s'adjudicarien a canvi d'allò i d'allò altre.

Les cares de les parets, altives al començament de la reunió, semblaven esguardar-nos cada vegada més greus a mesura que anava caient la tarda, mentre el fum de les cigarretes elevava cap al sostre les paraules pesants, acumulant-se de mica en mica en la forma d'un núvol feixuc i amoïnós al voltant de la gran aranya de cristall, ja il·luminada, per sobre nostre. El fum havia començat al cap de mitja hora de l'inici de la reunió, el director havia encès una cigarreta i, imitant-lo, la major part dels assistents havia tret el paquet de tabac. Amb la imitació de la postura de fumar venia també la del to del discurs, la de la vehemència de les paraules i les pauses aplicades pel director i veu cantant de l'aplec, que eren repetides i copiades de manera idèntica per aquells que tenien alguna cosa a dir, que en realitat no era cap cosa, sinó la reiteració d'allò que la veu autoritzada exposava sense gaires arguments, *i és que vostè no ha de voler parlar mai com ells perquè vostè no ve d'on ells vénen. Repassi els seus cognoms i trobarà aquí el seguit de llinatges que des de sempre han estat a la ciutat, famílies de bé; noms del govern municipal, de les administracions en cadascun dels òrgans polítics que s'han fet i desfet en el pas del temps, cognoms militars... i vostè, Assís, ve de fer mantega i de netejar porcs, i pot estar orgullós de fer entrar amb vostè dins de la universitat tot el món que ella mateixa rebutja, perquè no hi ha cap paraula dins la universitat que estigui prop del món. Precisament per allunyar el coneixement del món s'han fet les universitats. Aquesta gent, Assís, creguim, s'han oblidat que el coneixement es va fer perquè les peixateres el xisclessin a la plaça, perquè els nens hi juguessin al carrer*, les paraules que sentia eren sempre les mateixes, en cada reunió, cada any, com si una cita seguís els assumptes de l'anterior allà on els havíem deixat, un xerrotejar constant i sense deturador. En aquell moment em vaig imaginar totes les reunions que des de sempre es devien haver fet així, sense arribar a cap conclusió, sense que hi hagués cap més motiu que demostrar quina és la relació de forces per constatar que sempre és la mateixa, que precisament enraonem perquè no hi ha res a discutir, només per fer-ho veure, *i els homes sempre parlen igual, i tant és que siguin homes lletrats i llegits perquè aquí vostè troba les expressions que ja ha sentit abans, els mateixos insults i idèntics menyspreus que els que sentia al poble quan em deia que se'n volia anar fora, a un lloc on tot fos diferent; i ara es troba decebut perquè els homes de lletres parlen igual que els trinxeraires de la plaça del mercat*, i no, no només estava preocupat per això sinó per mi mateix, pel meu lloc dins de tot aquest joc d'escac i mat que demana que prenguis partit enmig de la discussió i del fragor de la reunió, demanen sentir la teva veu quan les veus dels altres comencen a deixar de ser educades i deixen un fil argumental enmig de crits virulents, per treure draps bruts de sota la història de cadascú, per comparar les trajectòries personals de tots els presents, trista i barroera parla.

La noblesa, Assís, no és una qüestió de titulació universitària, ja ho deu haver comprovat, això, a hores d'ara, i jo, jo no sé què dir-li, car no sóc qui per donar resposta a les preguntes que vostè em formula. Tal vegada la mateixa marxa del món ens demana que tot funcioni així, potser és la mateixa naturalesa humana la que ens fa triar entre ser víctima o botxí quan s'està tancat amb els altres. Els altres, sempre tancat amb els altres, qui sap si l'home, aquest home que creà Déu — que mai ha après a estar sol—, està prou preparat per viure tancat amb els altres. Ara em ve al cap allò que em digué sobre el que recordava del seu pas pel seminari: les misses, els menjars en comunitat, totes les hores d'estudi a la biblioteca amb els altres alumnes, els viatges amb l'autobús. Sempre parlava dels llocs on vostè estava amb els altres, i potser és aquesta la seva veritable troballa i a la vegada la seva veritable creu, els llocs, els altres. Els bustos de les parets semblaven cada vegada més incòmodes, o potser enutjats, com si els ofengués la violència de la cridòria que s'engrandia i que començava a afrontar i, en el pitjor dels casos, a escarnir un professor rere l'altre. Les taques color coure dels bustos pareixien menys visibles en el decurs de les hores, sota la llum de les bombetes punxegudes de la làmpada, i els rostres més foscos de les parets esdevenien els nostres, posats els uns al costat dels altres amb els mateixos semblants de gravetat, *i si em demana on anar per no trobar tot això li diré que no ho sé, li diré que jo vaig buscar la meva pròpia res-*

posta en la religió, però no crec que sigui una excel·lent solució a la pregunta que vostè em formula, perquè a hores d'ara desconec si aquest desllorigador m'ha fet prou servei a mi. Què fer, què fer? Sempre la mateixa pregunta, la que demana per la decisió quan s'està tot sol, la pregunta que afecta a tothom i que tothom posterga fins que arriba un moment que necessita la resposta, urgent. Què fer? Segueixi treballant, Assís, i no deixi que el nus l'ofegui, allunyi's, no deixi que les males llengües l'estudiïn a vostè. Tal vegada la resposta estigui en una certa noblesa que demana renúncies, saber què es vol i que es vol.

La reunió s'acabà amb les posicions més enfrontades que mai, encara que després, de segur, tot plegat es resoldria amb alguna solució de compromís, un mercadeig barat, un pacte de baixa estofa que tothom acataria a canvi d'alguna quota de poder en aquest o en aquell altre lloc d'influència, una càtedra, dues places de funcionari, un augment de categoria. Aquell dia em vaig quedar a treballar al despatx fins ben tard, suposo que per treure'm el mal gust de boca *perquè cal aprendre que la universitat i el saber no són la mateixa cosa, perquè els fets i no els indrets són virtuosos* que la reunió m'havia deixat i que la ferum de fum de tabac que impregnava la roba no em parava de recordar. Tot l'edifici estava a les fosques, tots els llums de despatx dormien acompanyant l'inusual aspecte dels llocs buits que sempre són viscuts curulls, plens de moviment.

Abans d'anar-me'n, però, vaig passar per la sala de reunions de pas cap a la sortida i em va cridar l'atenció que les portes fossin obertes de bat a bat, amb els llums encesos que il·luminaven una part del passadís ja en penombra. Dins hi havia una dona i un home perfectament uniformats de blau cel, ella d'uns cinquanta anys i l'altre que no passava dels trenta, taral·lejant una cançó que no vaig arribar a desxifrar; netejaven. El terra estava ple de paperassa de la reunió, fulls i més fulls amuntegats en un racó a l'espera d'ésser recollits dins del cubell enorme de brossa que havien deixat al passadís. A sobre de la taula, acompanyant uns cendrers atapeïts, els bustos de la línia de baix veien la seva imatge reflectida en l'envernissat lluent, alguns d'ells deixats de bocaterrosa al costat dels altres, que dempeus es miraven desordenadament, com si estiguessin enmig d'un ball, havent deixat la seva privilegiada i àulica situació damunt dels capitells per una altra de més relaxada. Els havien tret per poder netejar els peanys de la paret, mentre els clàssics, Sòcrates, Xenofont, Petrarca, els de la línia superior, només mereixien el rentat ràpid d'un drap humit que els ensenyava momentàniament brillants i amb una finor desacostumada. Tots plegats semblaven més tranquils, com si l'expressió descansada dels rostres fos ara més plàcida i assossegada, qui sap si era jo qui els veia així, com abans els havia interpretat tristos i afectats, alguns fins i tot plorosos, canviant aquell model antic del qual havien estat copiats per un altre de més pesarós i abatut. Els caps miraven com aquells operaris de la neteja els treien de sobre els crits i les males maneres, la vergonya que hores abans havien omplert la sala, i alliberaven l'espai de tot el que a mi em preocupava i embrutia, que s'esvaïa per unes finestres obertes, ben obertes per tal de ventilar l'habitació, el fum que encara em saturava la camisa on, a la butxaca, encara duia la carta, plegada en sis parts per poder-la-hi encabir, just.

XII

Quadricromia fina dels mapes

La ciutat

De sobte, ho vaig veure tot arran de terra i, fins i tot quan van venir els transeünts que tenia al meu voltant per ajudar-me a aixecar-me vaig dir que un moment, si us plau, que estic una mica marejat, encara que no ho estava, però no volia deixar de veure així la plaça del centre de la ciutat, amb els carrers vomitant-hi cotxes i vianants, des de l'altura dels peus, bocaterrós. No m'havia fet mal i, si me n'havia fet, no me'l sentia, anestesiat i astorat de veure'm allà al mig, estirat caigut dels núvols enmig de la sorpresa del tacte i de l'olor de l'asfalt. La gent m'envoltava fent rotllana damunt el pas zebra descolorit i apedaçat, un bosc de cames que tot just em permetia fitar com rere seu els cotxes passaven ràpids, mentre jo posava la cara al terra, estirava els braços i respirava lentament, i amb l'orella recolzada podia sentir diàfan i precís el tremolor de l'asfalt reproduint el bramul del metro, tremolor sota el cos mentre els cotxes començaven a impacientar-se davant de l'aplec espontani, voluntariós i tafaner. El terra vibrava amb cadascun dels fimbraments del metro, que ara podia reconèixer perfectament, el tremolor canviava a mesura que s'allunyava i prenien cos els dels cotxes i els dos autobusos que, aturats, feien anar els ventiladors.

Mandrós, em vaig anar aixecant; em feia peresa llevar-me del mig de la plaça tot pensant que difícilment tornaria a veure-la així, a la seva mateixa alçària, sentint tot el seu pes sota el cos. Passat a l'altra vorera, mentre el pas zebra sorollava les tapes del clavegueram al pas dels vehicles, vaig adonar-me que allà on havia caigut el paviment era llis, pla. Més endavant, una esquerda trencava el sí i no del blanc i negre, i encara més cap a la llamborda, un pedaç rectangular d'empedrat, però no res allà on havia ensopegat, i les sabates estaven ben cordades. Tal vegada havia estat el mateix pas zebra el que m'havia fet caure doblegant una banda, o l'asfalt amb una traveta infantil, o potser la mateixa ciutat havia arronsat la pell fent-se la distreta, aquell dia que havia decidit fer un passeig, cansat de llibretes i llibres en una tarda de no voler fer res més. Feia temps que no ensopegava; ho havia fet a casa, amb el marc d'una porta en sortir de la dutxa i molt temps abans encara, un dia de pluja en què vaig relliscar al passeig, però va pesar més la caiguda al terra que la sensació d'estar estirat a sobre de la ciutat.

Els cotxes i els autobusos tornaven a moure's. En un moment, el que havia estat una gernació de curiosos i desconeguts que no tornaré a veure mai més desaparegué i, no obstant això, com si el més difícil fos oblidar aquests fets sense importància, recordo perfectament les cares de les persones que em van ajudar a aixecar-me i també de la dona que era al cotxe més proper, rere el vidre, mirant espantada i impacient; oblidar les persones que ens són més pròximes és tan difícil com desaprendre els desconeguts que s'han creuat atzarosament en el nostre camí. El carrer recuperava la normalitat, el flux de gent i cotxes tornà a bategar al ritme del semàfor, i jo, espolsant-me una mica la jaqueta, continuava endavant encara una mica sorprès per tot plegat. El sol d'hivern de les quatre de la tarda començà a fer figa enmig dels edificis, però no tens fred si camines una mica viu. El passeig se m'havia fet llarg, com sempre que pujant el carrer començava a mirar els quioscs i els expositors de postals, aquests àlbums de fotografia amb forma de torres elèctriques que t'ensenyen edificis, places, cases boniques i racons jo-vaig-estar-allà per a turista, com si tot el que et poguessis endur d'una ciutat fossin dues o tres postals, vistes clàssiques que intenten ensenyar en les panoràmiques de la nostra ciutat el reflex d'altres, per donar a la memòria una altra perspectiva, idèntica a qui sap quina ciutat plena de gratacels, ampul·loses places o avingudes de punts de fuga llunyans. Les ciutats es recorden les unes a les altres per les postals que els seus habitants i viatgers s'envien, una ciutat rep notícies d'una altra per la fotografia escrita al darrere, com una il·lustració amb peu de foto on el que viatja li conta a aquell que es queda, perquè a la ciutat només se't deixa ser habitant o viatger. No és dit, però les ciutats també saben les unes de les altres pels noms dels carrers —tal vegada tots els carrers París siguin el mateix carrer París— i s'envien noms d'avingudes que arriben als primers barris, als barris perifèrics bruts i deixats, com si l'adreça de la carta hagués de passar un ritu de pas i entrar cap dins, ben endins.

El camí se m'havia anat fent llarg i no obstant això estava encara ben a prop de casa; que llarg es pot fer un carrer quan passen tantes persones! Com passa de ràpid el temps quan hi ha tant moviment! De fet sembla que sigui el carrer el que es mogui cap a tu, contra corrent, impedint-te l'avanç com si intentessis baixar per unes escales mecàniques que fan pujada i, en tribut pel teu caminar, et demanés un sobreesforç que no tothom pot pagar, el preu del cansament, de la celeritat i del no voler saber-ho tot, no cal saber tot el que passa al teu voltant, a la ciutat, pararies boig. Quedava prou bocí fins a arribar a la universitat, els bulevards comercials i després costa amunt fins al parc.

La cruïlla del carrer del mig estava tancada, calia anar vorejant tanques grogues i taulons i xapes metàl·liques per tal de poder avançar. El guàrdia anava xiulant vianants i cotxes, dirigint-los rítmicament enmig de les màquines i de les rases que obrien ara i adés en la pell de la ciutat; el vianant es nodreix d'allò que l'altera, d'allò que infreqüentment apareix però que a la vegada se sap inevitable: ni pot eludir-ho, ni es pot alimentar de cap altra manera. El recorregut em feia anar en paral·lel al carrer enmig de tanques que convergien sota un enorme cartell groc, «Aquí estem obrint una nova via», cridava obscenament per sobre dels noms dels arquitectes, dels aparelladors i contractistes, per sobre dels nostres caps que passaven tal com ens deia el guàrdia amb el xiulet. A sota, en un buit de proporcions vertiginoses, tot el carrer desapareixia convertint la seva amplària en un enorme buit de terra, i els cotxes i furgonetes es convertien a baix en camions color brut i butà, mascarats de fang, traient terra a dojo, pujant enfurismats per rampes que els duien fins a la nostra alçada, mentre homes i màquines trapullaven allà baix amb tubs i plaques de ferro i formigó, lluents al reflex del sol. Els edificis del carrer s'abocaven al buit que les excavadores havien obert dessota els seus peus mostrant impúdics les seves vergonyes, les canonades i els cables negres recargolats, les sabates dels fonaments i les sortides del clavegueram que els homes de groc tapaven, obrien, tallaven o movien. El edificis passaven por i suaven per sota de les parts baixes, supurant unes taques negres que enfosquien el talús. Al fons, molt al fons, els primers dits i peus de ciment armat de ferro endins començaven a encotillar el trenc, la rasa informe que tinc dessota. Tot feia pudor de clavegueram. Els forats que es fan a la ciutat, la ciutat els torna a obrir una vegada i una altra, la rasa que vaig veure, però, no la tornarà a veure ningú mai més; aquella ferida cicatritzarà plenament i es tapará amb el ciment cauteritzador de les cubes blanques i vermelles que baixen cap al fons, una poció de roca líquida i viscosa per estendre-la a sobre de la grava. Les notícies dels diaris dels dies passats deien que les obres estaven trobant més dificultats de les previstes puix que el terreny sobre el qual s'havien assentat els edificis eren ahir antics barrancs, buits que van quedar coberts amb enderrocs d'altres edificis de la ciutat, i ací i allà, en el tall de la paret, es veien bandes de colors clars i foscos que mostraven les capes de totxanes i de runes assentades entre el terrer, entre els pilars cimentats per sota de les cases. A l'altre costat del sense carrer, més tanques i retalls de ferro, xapes muntades sobre el buit de rases més petites que es bombaven i recuperaven la forma en passar, cada soroll comptava persona.

Una fressa no en deixa sentir una altra, però. A la següent cruïlla la cridòria dels nens sortint de l'escola era molt més aguda que la remor somorta dels martells pneumàtics i dels camions removent terra, fent-la emmudir de mica en mica. L'escola sortia fora de l'edifici dins dels nens i nenes uniformats, embolicant-me per tots els costats de gris i d'un blau marí quasi negre mentre des de la vorera es podia veure l'escola abaixar les persianes, desembolicades des de dalt en els rotlles que s'empetitien fins que l'últim sotrac feia moure-les de baix a dalt, soroll ondulat de fusta trencada. Amb un mecanisme automàtic i un xerric poc agradós es va fermar la tanca de l'entrada mentre l'escola creuava el pas zebra cap al parc, cap als autobusos engegats, i jo al mig al mateix pas que ells.

El parc comença lent on acaba l'escola, fent créixer de primer unes bardisses vorejades per uns avets enormes com un embolcall per protegir-se dels carrers; i una vegada dins, els arbres van empetitint-se a mesura que vas endinsant-te en el bosc artificial de verds pàl·lids; aleshores i sense adonar-te'n acabes caminant entre plançons no més alts que tu, tendres. Al costat es veuen, entre les mates que fan de paret, les parades de l'autobús on un noi barbamec dóna quartilles grogues que anuncien classes d'anglès, mentre tot el carrer avança al seu costat i ell està del tot quiet; tota l'escola pren un full que acaba groguejant el terra de l'entrada de l'autobús, barrejant-se amb les fulles dels plàtans. Els arbres van esmorteint els sorolls, silenciant-los, malgrat que el murmuri de les eines, màquines i autobusos arribi fresc i viu, puix no és gaire gran, el parc, i si no fos per l'escola que tapa la cruïlla o pel carrer peatonal que envolta la part de dalt, el brogit saltaria les bardisses plenes de fulles seques i de bosses de plàstic i paper, i passaria entre les branques dels arbres com si aquests no hi fossin. Tot és brut i ple de la porqueria que emplena els sots de ciment que emmarquen els troncs, arbres amb les arrels sota una barreja pútrida d'aigua, fulles i paper, sutzura que puja entre els tatuatges dels troncs fins a les branques en forma de capa fosca i humida. Els coloms, alguns d'ells coixos, mengen d'un pa mullat i escampat que blanqueja el terra. No m'hi he assegut mai, en aquests bancs llardosos del caure de les branques, plujós ensutzit, on tota la manca de soroll es transforma ara en un aïllament tètric que se't menja. En la penombra de tota la bardissa que ha crescut assilvestrada es flairen els principis d'una sentor d'orins que creixerà de mica en mica, cap a la raconada dels cartrons arrugats per l'aigua i la humitat. En tot el parc no hi ha ningú, ni tan sols el rodamón que ocupa el racó sota les porxades, tot és buit al llarg del camí de graveta fina que ens travessa. Just al fons després del pont, a l'altra entrada, es veuen uns nens jugant a pilota a la part encara assolellada. Entremig, el camí es fa lent, amunt pel pont passant l'estany que deixa veure dues carpes panxa enlaire, envoltades d'altres que les mosseguen sacsejant els nenúfars clapejats de negre i l'aigua podrida i opaca, un mirall de merda. Tota la construcció del parc intenta imitar unes ruïnes romanes. Les columnes, plenes de taques de verdet, i les teulades mínimes, curulles d'herba que ha encegat els canals, li confereixen una forma sòrdida i tràgica a la vegada. És una natura escarransida i de baixa estofa que niua entre les esquerdes, entremig de la pedra d'imitació clàssica i les totxanes del darrere. No hi ha ningú, els únics habitants del parc els veig arribant a fora, un il·lustre metge de pedra amb una proveta a la mà, mirant endavant amb el rictus sec i el cap i el cos blancs de la merda dels estornells. Davall, un nen fa rebotar la pilota contra el peany ple de pintades vermelles, un soroll vermell de pilota, rítmic, que es comença a barrejar amb els que vénen del carrer.

La ciutat sua humitats d'hivern quan comença a pondre's el sol, i ni l'escalfor àcida dels motors ni la calidesa artificial dels llums que comencen a brunzir les fan desaparèixer; les sua cap enfora, o cap avall, com els edificis de les obres, o cap dins del cos quan fa una mica que camines. Es fa fosc, l'hora en què els fanals no tenen prou llum perquè s'acaben d'encendre, l'hora de plegar i els paletes baixen de mica en mica per dins de la bastida que amaga amb ferro i xarxa l'edifici de davant del parc, nu d'arrebossat, ensenyant la totxana: l'han vestit per canviar-li la pell del color que ha pres el terra, les restes de ciment vermellós que taquen ací i allà la xarxa i la vorera. Ara em ve al cap la caiguda enmig de la plaça, i penso des d'avall, esguardant la ciutat nua de pell com si els ciments fossin de vidre i poguessis veure les bastides de sota, el clavegueram i el metro, els ciments dels edificis clavant les urpes endins i les restes dels altres edificis, els que hi havia abans, trencades, posades una a sobre de l'altra, els antics carrers sota els nous, entre urpa i urpa.

Els contenidors de runa voregen la casa com una barrera infranquejable i sinistra on s'amunteguen restes de façana barrejades amb bosses d'escombraria i mobles. Una vegada vaig estar rere el turó, la tarda que em perdí amb el cotxe buscant la nau de l'editorial enmig del polígon que aquell dia semblava no voler tenir final. En un semàfor, un camioner es va oferir a fer de pigall, va dir que em trauria d'allà, que el seguís amb el cotxe. El camió, d'una empresa d'àrids i enderrocs, guspirejava constantment contra el parabrisa graveta i sorra i em feia allunyar i, finalment, va deixar-me davant tota l'extensió dels barrancs fins a la platja. Allà vaig veure per primera vegada el gran abocador, on la ciutat seguia creixent amuntegant al seu costat les restes d'altres edificis, per tal que algun dia altres cases es poguessin edificar a sobre, com si les cases necessitessin tenir avantpassades seves sota seu, casa sobre casa, runa sobre runa. En aquella esplanada una filera llarga de camions feia torns per abocar la barreja de runes i restes de casa, ciment i rajoles, pedres partides que es mesclaven amb la mateixa terra del lloc, rodolant en una petita vall per on les màquines aplanadores passaven una vegada i una altra. Al fons es veia una part verda de plantes assilvestrades, les mateixes que pots trobar a les cunetes de la carretera o en els solars de la ciutat i, on s'acabava el verd, cartells llunyans i enormes anunciaven una renglera de cases enmig d'arbres i jardins, com el fruit final de la ciutat sembrada en els seus propis detritus. A l'altre costat de la carretera, un rierol improvisat encetava el seu curs enmig de les indústries acumulant llaunes i bidons en els meandres, les mateixes indústries eren les fonts d'aquell riu que deixava estanyols ací i allà i que moria encegat en la mateixa terra. La merda nodreix la ciutat com els fems peixen la terra. Allà les ruïnes muntaven les unes sobre les altres fins a convertir-se en ciutat i la merda del rierol creixia entre desferres fins a fer una natura realment morta, un paisatge que en una fotografia en blanc i negre hauria pogut semblar bellíssim i sense temps, com el tacte fred, aspre i contundent del contenidor de runa ple a vessar.

El camí es fa llarg i tots els fanals que el voregen fan ja la lluminària coure i desagradable, creixent a cada minut; és la nit la que els fa fer més llum, quan és l'hora de la sortida de la ciutat i els cotxes comencen a anar cap a l'avinguda ensenyant-me puntets vermells que sempre veig borrosos, fugint cap als accessos i els cinturons que travessen la ciutat en un batec constant i sense deturador. Cal saber cap on es va encara que no es vagi enlloc. La ciutat controla el flux, es pot veure ja des d'aquí com les parts finals de l'avinguda retenen els vehicles, i si els deixa sortir és perquè sap que demà tornaran, i que se'ls tornarà a empassar per totes les vies que fan de gola, gola endins, fins que la barreja de llums i de velocitats deixarà de distingir què és què, com una boirina; com quan passeges pels bulevards comercials del centre i la confusió de la gentada fa que puguis perdre el lloc cap on vas, desorientat, les direccions es contagien; com quan de petits empaitàvem els grups de gallines i cadascuna prenia una direcció que a nosaltres ens semblava del tot atzarosa i imprevisible, fins que la por la feia quedar del tot quieta; com quan t'extravies enmig dels carrers o quan et perds amb el cotxe. El camí és llarg quan se surt a passejar per la ciutat.

Perquè es fa difícil trobar el moment per tornar, el camí és llarg quan se surt a passejar per la ciutat, és difícil trobar el moment per tornar; quan vaig pel camp tinc uns llocs determinats on arribar, però les intensitats de la ciutat són distintes i un punt de tornada és tan bo com qualsevol altre, perquè el cert és que no hi ha punts de retorn com no n'hi ha de sortida, i si decideixes només anar, només anar, qualsevol semàfor o qualsevol boca de metro pot fer-te tornar enrere. Així ho faig, cap a casa, lentament passant, aniré per la plaça del centre i pel barri vell desfent el fil que he anat tibant per les cantonades, anant amb compte de no agafar-ne cap altre que no sigui el meu, com quan era petit i resseguia les façanes de les cases amb la mà i recorria així tot el poble, sempre hi ha una música o una altra en aquest fil que duem a la mà i que deixem arreu lligat, com els autobusos que teixeixen xarxa giravoltant. Encara hi ha dies que torno a pujar-hi per donar tombs arreu de la ciutat, per llocs canviats o pels que no conec, com quan ens vam comprar el primer cotxe amb la Maria i sortíem per recórrer la ciutat les nits d'estiu i seguíem els altres cotxes aleatòriament fins a anar a parar a fora de la ciutat, perquè la ciutat de nit es relaxa i dorm, i et deixa sortir per allà on tu vols, sense dir-te res ni fer-te pagar el temps del viatge. La Maria treia el cap per la finestra, a la fresca de la nit, i reia, saludava a les poques persones que la nit conté i aixopluga, i reia, reia molt, mentre arribàvem dalt de la serra o a la platja, baixàvem del cotxe i passejàvem de nit, a les fosques.

Havíem fet l'amor dalt de la serra mirant la ciutat quan no hi havia ningú. I mig nus encara, contemplàvem davall nostre com s'estenia la fira de nit que eren carrers i places; tot l'ordre jeràrquic de la ciutat en forma de llum sota els nostres peus, allargant-se fins al mar, i la boira que pujava suosa pel port prenent la intensitat desigual dels barris de la platja. Sovint els núvols venien fins a la serra i portaven amb ells el color metàl·lic dels llums i feien courada la serra, però, de sobte, potser marxaven, i la ciutat que teníem als peus mirava cap a un cel sense cap estel, com si les constel·lacions s'haguessin arrapat al terra com gotes de soldadura i s'estenguessin arreu on arribés la vista, un arxipèlag de llums pampalluguejant, mecànic, fins que esguardant hi trobaves el paisatge romàntic que no era, el paisatge impossible que volies veure, si no ho és, deia la Maria, ens ho creurem i prou, vine aquí.

Creure-s'ho i prou, tal vegada aquest sigui el secret del fil que recullo, així puc pensar que sé cap on vaig encara que ho desconegui, encara que per anar no cal saber cap on es va. Encara que el parc sigui una deixalla i la ciutat una ruïna. Tant és.

Baixo cap a la plaça. A hores d'ara el bram dels cotxes i dels autobusos escandaleja els carrers i es barreja amb el brum fètid que surt entremig del reixat de ventilació del metro, aixecant fulles seques i papers, inundant la plaça d'un so de fons molest i constant com una boira seca. Al final de la plaça, però, els primers carrers estrets donen la tranquil·litat de caminar pel mig sense cotxes, de trepitjar el carrer panxut de llamborda polida. L'escala del plànol diu que dins de la ciutat hi ha la ciutat més vella, en una cuirassa de carrers que van a parar a la part més sensible, més feble i més antiga, com una d'aquelles plantes que va mustiant el cor deixant que els llucs que surten al costat del tronc vagin envigorint-se, envoltant-lo i creixent-la. «Vaig de ronda», li dic a la Maria, quan surto a fer carrers; la Maria diu que no ho digui, això de fer carrers, que ho diuen les putes que tenim sota casa, però a mi m'agrada dir que vaig a fer carrers, que vaig de ronda, la vida és mòbil.

De tornada, fins a arribar a la gòtica, que és com li diem a la catedral, com si fos el nom d'un camp, o tal vegada el d'una bèstia adormida i repenjada contra els altres edificis. De vegades arribo davant de la gòtica i m'assec a una terrassa amb un xato de vi mentre miro la plaça, el lloc on per primera vegada trobo un edifici alt que no està fet per ser emplenat de gent, un edifici les finestres del qual no m'ensenyen gent treballant en oficines blanques o mirant al carrer, sinó sants als vitralls, llum per ser mirada quan encenen les bombetes al dedins i els vitralls miren enfora. Lluny, es comencen a sentir els primers sorolls durs i contundents dels camions de les escombraries, carregant les restes ací i allà segurament per dur-les a un altre abocador, que també caramullaran i faran pla com el palmell, per fer-hi més cases. Darrere, un camió amb una cisterna ruixa els carrers com qui ruixa una planta, sabent-la moridora i assedegada, efímera encara que viva; la ciutat creix sobre ella mateixa. I en el centre, la gòtica, mira amunt. Passem hores i hores amb la Maria mirant la gòtica, enfilant-nos-hi cap amunt amb l'esguard; una vegada que se'n va anar l'electra, una d'aquelles vegades inesperades en què tot s'atura sense que hi hagi hagut tempesta, de nit, vam sortir a la plaça per mirar la gòtica sota els estels; mai ho havíem pogut fer abans, i els carrerons semblaven trets de fa set-cents anys. Els últims pinacles lluïen tot just per veure algun dels detalls, i la catedral es mostrava ferotge, ampla i forta, amb les voltes com una gran boca que amenaça i que reclama en la nit sense llum un protagonisme que ja no té, ben obscura davant de les cases encara més fosques, la ciutat en penombra que vam recórrer amb la Maria, tot en penombra. Fa poc va tornar a passar —un llamp, van dir els diaris—, però en sortir a la plaça, la claror d'altres barris feia la ciutat il·luminada mentre els llums intermitents d'un repetidor de televisió que havien instal·lat a la muntanya desafiaven l'obscuritat a sobre de la serra, com si fos un senyal, una guia. A l'altra banda de la plaça, contra les agulles de la nostra nova espiritualitat magnètica, es dreçaven les pedres, calmades en la fosca, com si sabessin que hi haurà altres antenes, altres alçades que cauran, que només elles continuaran en el temps. Els llocs

L'arbre sense tronc

valen el que valen els seus fonaments, i els de la gòtica són uns fonaments formidables que ningú pot conjecturar fins quan arriben, fins on arriben, el que val és el que hi ha sota terra; hi ha paraules escrites a les lloses de la catedral, i sota hi ha els ossos, la part dura del que és viu.

Els escombriaires passen raspallant el llom de la plaça, pausadament, sabedors del treball que es repetirà una i altra vegada qui sap des de quan, qui sap fins quan, mentre torno cap a casa embolicant els últims metres de fil de madeixa embulladissa, al cap i a les mans, vibrant els darrers metres. És de nit, de la nit de l'hivern que deixa menys gent al carrer, gent que va més de pressa cap a casa.

Dalt, prenc el plànol, el mapa de la ciutat desplegat a sobre de la taula grossa. He hagut d'apartar-lo un parell de vegades per treure amb un drap el fang sec que té darrere; no recordo quan es va tacar. Mirant el recorregut, els passos fan corbes, només camines entre els quadrats i rectangles de color rosat més fosc, pel reixat de carrers que indiquen països, ciutats o noms d'homes i dones morts, només camines per aquí, però tant és perquè els teus passos podrien ser els de qualsevol altre carrer. La taca de sota el mapa, la taca de fang sec, traspassa el color a la part del davant, donant a bocins un pigotat negre, vora el parc sobretot. Hi ha bocins de fotocòpia enganxada que la Maria ha encolat a sobre i als marges, estenent en blanc i negre carrers rosats que s'acaben en el plànol i que tenen la continuïtat en el pedaç de paper i adhesiu. També es poden veure noms guixats a sobre d'altres, canvis de noms de carrer on endevino la lletra de la Maria, i a la cruïlla posterior del carrer del mig, on hi havia les màquines, hi ha dibuixades unes línies discontínues que indiquen la remodelació que s'ha de fer, com en un mapa antigeològic que després es veurà acomplert. És vell, el

111

mapa, arrugat, amb les puntes doblegades i gastades de tant anar amunt i avall.

El lloc on he ensopegat no hi és, mostra la plaça i els dos costats de carrer, les voreres, però el pas zebra té el color blanc i fibrós del paper que s'ha obert una vegada i una altra, aquella cantonada que plegada i tornada a plegar mostra ara una creu oberta que ensenya la taula, rosegada sens dubte per l'obrir i tancar que ens trenca. Som quadricromia fina d'un mapa.

XIII

El vent és una rialla fina

L'aire

*E*n Màrius s'ha anat fent vell assegut a la cadira d'escai negre i metall cromat que ocupa la part central d'aquesta habitació, la que ell anomena despatx, a desgrat que si no fos perquè les finestres canvien lleugerament la seva forma, hom diria que aquesta estança no conté cap altra cosa que la que hi ha dins de les sitges metàl·liques del costat. Des de fora tota la construcció té el mateix aspecte i sembla que tot el que hi ha dins del despatx s'adeqüi perfectament a la forma i a l'estil característic de les estructures de ferro exteriors, blanques i metal·litzades, pintades una vegada i una altra sense que la restauració pugui dissimular sota la capa gruixuda de pintura els petits bonys que supura la corrosió. En Màrius i tot diríeu que és fet a mida per a aquest negoci i per a aquesta forma de viure, vestit amb la mateixa roba de fa vint anys, intemporal dins de l'habitació de mobles de fòrmica barata però ben conservada i plena d'arxivadors metàl·lics beix, en un ordre impol·lut i buidat d'objectes, sense que els pocs que hi ha trenquin una harmonia severa, una habitació netíssima, la pulcritud de la qual no ens deixa de sorprendre si imaginem el brogit, la fúria i la pols que es fan només un metre més enllà de l'habitació per la paret que dóna a la sitja, vessant blat o panís, sègol i civada, traient, com una xemeneia, núvols blancs de pols, que en els dies quiets l'alçària de la sitja expandeix arreu en forma de boira baixa, àdhuc ocultant sota el polsim les finestres de l'oficina tancades hermèticament. Tota la neteja i ordre, però, demostren, més enllà del caràcter metòdic i constant del seu propietari, la manca de renovació del mobiliari, de la mateixa manera que les successives capes de pintura dels pilars de ferro i de la xapa plegada que formen les torres indiquen que el ferro és vell i que s'hauria de canviar, així com els cartells dels lavabos, bàscula i oficina retolats a mà donen fe de la poca capacitat econòmica de l'empresa per poder fer front a una renovació de tota la instal·lació. Tanmateix, en Màrius, com si no volgués oblidar el temps en què la manca de prosperitat de la regió el dugué a pujar del no res l'empresa, conserva encara el cotxe que havia meravellat tota la gent del poble i que ara tenia l'aspecte d'aquelles construccions velles i senyorials en les quals —tot i estar prou ben cuidades— hom comença a percebre els trets de la decadència, i així, el cotxe semblava tret del concessionari i, tot i que els vint-i-cinc anys que tenia i els milers de quilòmetres que havia recorregut de ben segur havien afectat el motor, la pintura aguantava incòlume i brillant el pas dels anys i les inclemències del temps, i els cromats mirallaven la imatge perfecta del que tenien davant. Tot en la farinera semblava remetre a un passat gloriós, tot en el despatx d'en Màrius respirava la nostàlgia d'un temps pretèrit, un enyor que es reflectia sobretot en les fotografies que tenia penjades davant meu, algunes de les quals havia vingut a buscar.

Van ser les primeres fotografies aèries de la zona fetes per algú que no era militar ni cartògraf o, si més no, les primeres que hom va veure. La major part mostrava des del cel obres que el propietari de Farines Castells havia ajudat a finançar: petits pantans, anivellaments de terrenys, construccions de talussos o de canals i fins i tot un gran dipòsit d'aigua que vist en picat semblava una torre de defensa, com també des del cel les sitges pareixien edificis d'oficines. Cadascuna de les imatges duia aparellada vora seu una vista anterior del lloc en la qual es podia apreciar com era el terreny —de vegades absolutament verge— just abans de començar les obres, les planes, les serres, els barrancs. Al costat, l'obra ja enllestida mostrava com s'havien eixamplat els camins a causa del pas constant de vehicles i es veien, a part de les obres realitzades, les roderes i les restes dels materials de construcció que els paletes hi havien deixat. N'hi havia força, de fotografies, endemés de les penjades: una seixantena amb la corresponent parella d'obra acabada inflaven una carpeta i, a més a més, dues capses de sabates reforçades amb cinta de precintar contenien centenars de fotografies de la zona, sense cap tipus d'ordre o de correspondència. En Màrius, que no donava mai res, me les cedí: les fotografies grans de la carpeta, per fer-ne còpies, i les petites, com un regal, per sempre. Carregat, he davallat per l'escala de cargol que dóna la volta a una de les sitges, la que al final aixeca el despatx d'en Màrius, qui em diu adéu rere els vidres.

Conduint el cotxe cap a la sortida, vaig adonar-me que el lloc on l'havia aparcat era un carrer cimentat enmig del no-res, amb dos rètols que indicaven que es tractava d'un aparcament per a camions, construït en l'època en què la farinera funcionava, i no s'assemblava al garbuix de ferros rovellats i entortolligats que queia, esbocinant-se de mica en mica avui a mig quilòmetre de les sitges. Va ser tot recorrent amb el cotxe aquest aparcament grandiós i sense final, passant per sobre de les clapes de terra que el poc ús de la via ha deixat, que vaig sentir aquella fredor estranya, la mateixa que em va provocar el meu primer vol, justament allà, on frenava ara el cotxe per sortir de la pista cimentada, tot enlairant-nos per sobre dels primers erms seguits de les feixes de panís propietat d'en Màrius; el mateix efecte rar i desconcertant que m'havia produït baixar del cotxe, no era cap altra cosa que la tornada a sobre del fil prim fet per aterrar i enlairar-se que en Bernat sotjava des de l'aire, més de vint anys després que féssim el primer vol plegats i dos abans que desaparegués, si és que la seva mort es pot qualificar de desaparició.

Tornant cap a casa vaig aturar el cotxe en un dels camins amples que obria la boca cap a la carretera, deixant tot de roderes que traslladaven la blancor de la pols del camí a sobre de l'asfalt. Feia vent, suficient per aixecar alguns blancs clars d'argila per damunt de les planes i moure lleument el cotxe; feia un vent que netejava de núvols tot el cel, i deixava un dia de sol espillat que, rere els vidres del cotxe, escalfava prou per haver d'abaixar una mica la finestreta, i aleshores sentia com el soroll del cerç s'escolava dins l'habitacle. En Màrius havia confegit dues carpetes amb el cartró gruixut dels arxivadors AZ; els havia lligat amb gomes i, per tal de no fer malbé les fotografies grans, hi havia posat fulls blancs entremig, factures. Darrere de cadascuna, al costat del segell blau del fotògraf que les revelava, hi havia un paper enganxat amb cinta adhesiva que indicava la data i l'indret exacte del camp o de l'obra, si es tractava d'una construcció de prou envergadura, com el pont sobre el canal, altres dades com l'inici i l'acabament, el nombre d'operaris, i xifres i anotacions de menor importància. Totes les fotografies les havia fet en Bernat, el meu germà. Fou més senzill ensenyar-li a fer funcionar una càmera que no tingués gaire complicació que intentar convèncer el fotògraf que damunt de l'avioneta no hi havia cap mena de perill, que l'avió s'enlairava una mitjana de sis vegades per dia i que l'aterratge i l'enlairament tenien més de diversió que no pas de patiment. En Bernat, doncs, rebé un curs accelerat de fotografia, gairebé tant com el que va haver de fer a sobre d'aquell aparell vell però amb poques hores de vol que en Màrius comprà de segona mà a un industrial especialitzat a transformar vehicles militars per a ús civil. Tot el que en Bernat sabia dels avions provenia dels coneixements que adquirí mentre feia el servei militar reparant motors i ales; no obstant això, el pilot professional que va venir durant un cap de setmana el va tenir prou alliçonat perquè el dilluns s'enlairés carregat de pesticides i els deixés caure sobre els camps de panís. Així fou com començà a volar i com uns dies després féu les primeres fotografies aèries del poble, que el propietari del bar va comprar-li per penjar-les a la paret.

Les raons d'en Bernat per deixar els porcs, els vedells, el blat i la mantega eren les mateixes que a mi em van portar a la capital uns quants anys abans, les mateixes que van fer marxar tants i tants pagesos del poble, que veia com la població disminuïa dia rere dia; eren les raons de la misèria, dels venciments dels préstecs, les raons de cada feixa que es tornava erma, com si en aquelles planes només es poguessin conrear cards i salats. Se'ns van morir els porcs els mateixos anys de les collites escasses i rònegues, brutes de balloca, collites barates. En Bernat va volar molt temps per poder pagar els deutes de les llavors a la farinera, les hores dels tractors, els adobs i els pesticides. Una de les fotografies petites, una de les que en Màrius no va ampliar, mostra una cicatriu a la terra, una rasa enorme amb terra remoguda al costat de munts de rocs i terra, trepitjats de roderes d'excavadora. Feia dos anys que la granja era buida i desinfectada —tenint en compte la data, devia ser una de les primeres fotografies que en Bernat va fer—, i la imatge ensenyava de manera explícita quin començava a ser l'estat anímic del poble, una alegria enterrada dins de la rasa plena d'animals morts, una rasa fosca plena de les línies blanques de calç viva per cremar les bèsties. Va ser quan els bancs van començar a no donar crèdits si les úniques garanties eren les terres, quan les extensions enormes que subhastaven els bancs i caixes oferien preus ridículs, el temps en què en Màrius i els prestamistes van créixer i l'única cosa que omplia el remolc i les granges eren la misèria i l'abatiment.

En Bernat em va portar dues vegades amb ell a l'avió, al seient del darrere que havia transformat en un dipòsit per tal de poder portar més quantitat de líquid. Les poques vegades que algú hi pujà —algú que gosés muntar dins d'aquell avió de soroll rabiüt i ventresca plena i inflada—, calgué descargolar el dipòsit suplementari i instal·lar-hi els coixins originals de cuir marró i esquerdat. L'avió xerricava quan sota les rodes perdérem la pista, i l'avió aturà de sobte els sotracs que produïa l'anivellament deficient del terra i, aleshores, recordo que el soroll emmudí i també la vibració del vent, encara que el motor bramés i el fuselatge no semblés de cap manera sòlid; deixí de sentir-ho tot perquè sota els peus s'estenia, enorme, la grandària de les planes, les feixes llarguíssimes i corbades dels ametllers, en una visió desacostumada que feia que àdhuc les torres de la farinera tinguessin quelcom de necessari allà on eren; un senzill canvi de punt de vista durant el qual en Bernat no parà d'assenyalar-me els indrets on havíem anat plegats, els llocs que tenien alguna significació especial o els paratges que des de petits havíem visitat. Ara tenia a la mà un feix d'imatges grapades, fotografies de la Sardera, la partida del camp on hi havia la nostra granja, fetes des de diferents punts, en distintes èpoques de l'any, durant els cinc que en Bernat hi treballà. Cada vegada es feia més visible l'abandó progressiu que s'imposava a les terres, s'evidenciava en els masos tancats, es palesava en els camins que en solament cinc anys es veien més estrets i descuidats, i els marges, que en les primeres imatges són línies primíssimes, cada vegada acullen més i més herba.

Ara començava a entendre, en les creus sobre les feixes de guaret, en les xifres de sobre dels solcs i en els quadrats resseguits amb bolígraf, envoltant els marges de les planes, la veritable naturalesa de les fotografies. Havia descobert aquests senyals i gargots mirant les imatges de les que havien estat les nostres terres, tal vegada per alguna mena de proximitat que m'hi feia fixar més, però el cert és que eren abundants les imatges marcades amb números, amb cercles i creus a sobre del sembrat o de la terra llaurada, independentment de l'estació en què es fotografiessin. Les marques i anotacions no volien dir cap altra cosa que aquell terreny seria la propera adquisició de la farinera, la propera compra, senyals sobre els camps dels crèdits sense pagar o de la impossibilitat de tenir més bestretes a canvi de la llavor o de la maquinària.

Tal vegada en Màrius no se'n recordava, d'aquelles fotografies, o potser quan li vaig dir que m'agradaria tenir algunes còpies de les fotos que en Bernat havia fet —jo només em referia a les que eren més grans i no a totes, ignorant fins i tot l'existència de les més petites— va pensar que seria una bona manera de desfer-se d'aquelles imatges que aixecaven acta de la manera com va anar engrandint el negoci, donant-me-les a mi, a algú proper i llunyà a la vegada, a algú que havia marxat del poble als divuit anys i que només de manera esporàdica hi tornava, encara que ara sabés que volia tornar per quedar-m'hi, com qui confia un secret. Qui sap si el que en Màrius desitjava era treure's de sobre aquella terra en paper que a ell a la llarga tampoc li havia servit per evitar la decadència que planava, com l'ombra de l'avió per aquelles terres. També ell havia acabat com els altres, i si seguia amb un negoci de pèrdues contínues que l'obligaven a vendre les terres —unes terres que comprant-les mai van ser seves, ja que mai les va treballar, i a la terra només li pertanys quan la treballes, la resta són préstecs— era gràcies al fet que aquell patrimoni que cada any minvava una mica era prou gran, terreny mossegat al principi per les vegades que havia de fer una inversió a la farinera, i després, en una mena d'espiral sense aturador pels interessos creixents, que ara l'obligaven a desballestar les instal·lacions de la fàbrica de pinsos i granulats per vendre el ferro a pes, la gran farinera lluent que en Màrius conserva en una imatge, la més gran, penjada al despatx a sobre del seu cap, Farines Castells.

La segona caixa, a més a més de les fetes des de l'avió, conté un sobre amb fotografies que va fer des de terra. N'hi ha una on sortim tots tres, en Bernat, jo i la Maria de la mà, fent un posat de maniquins davant de l'avió, aculats a l'ala, o la Maria sola, asseguda en el lloc d'en Bernat, amb les seves ulleres i el casc que mai es posava. Una altra ensenya el morro de l'avió decorat amb un ull i unes dents, a la manera dels Spitfire anglesos als quals volia que s'assemblés per amagar, pintat i decorat, que era un d'aquells aparells —o un del mateix model— que durant la guerra van foradar el poble. No acabaries de mirar-te-les mai. N'hi havia dels tossals del mig, dels cingles, del riu, de cadascuna de les partides, i fins i tot algunes dels pobles veïns, també d'indrets que localitzava amb dificultat, tot plegat un testimoni inesborrable de com havia canviat la zona. Són del mateix format que les que tinc a casa, del pare i de la mare, dels dinars familiars quan veníem de ciutat i menjàvem tots junts.

En Bernat em parlava de la feina, de l'anar i venir per sobre dels conreus i dels treballs pels quals el contractaven: de vegades en Màrius llogava l'avió a empreses de construcció per tal de fer fotografies de les graveres o dels cingles que havien de rebentar; normalment, però, la seva feina consistia a ruixar una i altra vegada els camps, sovint amb productes prohibits, com quan havia de tirar una barreja d'hexalo —un gas diluït força potent, conegut també per haver estat utilitzat en els camps de concentració durant la Segona Guerra Mundial—; és per això que en alguna fotografia apareix vestit amb una màscara que li tapa tota la cara, una carota amb tres filtres, un davant la boca i un a cada galta —semblava un insecte. Cada matí feia uns sis vols, i la tarda sempre la dedicava a repassar cadascun dels comandaments, cadascuna de les peces que substituïa molt abans que fes falta malgrat el seu elevat cost; però en Màrius no deia res, conscient del negoci que representava aquell ferro, sabedor que mentre ell tingués l'aparell, les finques grans que començaven a col·locar aspersors i a conrear secans fins aleshores erms, no en comprarien cap. I en Bernat tampoc deia res; en Màrius li pagava molt bé, en menys de dos anys va aixecar la hipoteca amb la qual el banc ens prenia les terres, i l'any següent ja va poder comprar terra, tan poc valia la terra... Així ho testimonien les fotografies de les planes grans, planes buides, eixorques, adquisició que el pare sempre desaprovà, però que ell seguia des de feia temps. «És l'únic lloc on mai ningú ha provat de llaurar, on no s'hi ha sembrat ni plantat mai res, mai hi he vist un ramat, tot és verge, la terra és dolenta.» I allà al mig es féu la casa, mentre la granja tornava a funcionar i el pare tenia feina... els porcs i els vedells que apareixen en una fotografia cremada, massa clara, semblen immaterials, boirosos, com si fos la concessió d'un somni que ningú no esperava veure realitzat; com si el semental que vam comprar —el que en la imatge treu el cap per sobre de la tanca— fos només una aparició en cartró pedra descolorida pel pas del temps, quimèrica com el somni d'haver pogut pagar la hipoteca.

En Bernat em parlava de la sensació de ser allà dalt, tot sol, que hi havia vegades que donava voltes llargues i injustificades abans de tornar a la farinera per sentir encara més intensament que era lluny de tothom i que aquella feina, aquella feina que consistia a llençar damunt les finques dels terratinents porqueries concentrades i pesticides sovint prohibits, només li servia per poder passejar-se per on ningú ho havia fet, i encara que el fastiguegés haver de baixar de l'avió davant de la rialla de satisfacció i admiració encoberta dels potentats que li raspallaven l'esquena, la sensació del moment en què la pista s'acabava era prou forta per seguir, i seguir, i quan se m'acabi aquesta avioneta en compraré una altra, deia. La pista no era d'aterratge o d'enlairament, era la pista de la fugida o del retorn. Caigut dels cels, algunes vegades pujà i pujà per treure la càmera i fotografiar els núvols des de dalt i ensenyar-li les imatges a la mare, empaitant-la perquè mai les volia veure, o al bar, on tothom el tenia per una mena d'heroi o de savi a qui fer qualsevol consulta o petició, encara que ell no sabés res de l'assumpte o no tingués influència sobre allò que li demanaven. No tenia gaires diners, només estalviava per gastar, per comprar terra o maquinària, gastava tan ràpid el que guanyava que de vegades havia de demanar cèntims a casa, i el pare, que acabava de rebre una partida de sacs de llavor nova de la farinera a càrrec d'en Bernat, li havia de donar diners per tal que pogués acabar el mes. La caixa s'acaba amb el plec de fotografies de les planes, la terra d'en Bernat. Les primeres mostren la vasta extensió de la timoneda i les basses, de les llacunes salades i, al mig, primer només insinuant-se i de mica en mica prenent la forma d'un rectangle, els fonaments d'una casa. Barrejades amb les de les obres, fotografies des de les mateixes planes on es poden endevinar dues línies allà on en Bernat va improvisar una pista d'aterratge, i al final, la casa feta al mig del no-res, la que es construïa quan tot succeí.

La segona vegada que vaig volar amb ell, el vaig trobar canviat, tot i que a hores d'ara encara se'm fa difícil dir si ho feia la seva mirada perduda, o potser una rialla mig amagada que intentava dissimular i mostrar ensems, com si volgués que li fessis la pregunta que li havies de fer, la pregunta que esperava però que jo no coneixia. Sabia que t'havia de demanar quelcom, Bernat, però encara avui, assegut al cotxe, més de vint anys després, no sé què és el que t'havia de preguntar. Aquell dia vam pujar molt amunt, tant, que l'avioneta començava a carburar malament, el motor funcionava a batzegades, no tenia prou aire. Des d'allà em vas assenyalar el sol, caient a plom a sobre dels núvols, que feien ombres petites i ràpides als camps, un sol lluent d'estiu damunt de les planes que mostraven ací i allà tots els colors que l'argila pot tenir sota l'encatifat del rostoll de blat, els blanquejats de timonedes salades o el fil lluent del riu... però, malgrat ensenyar-me tot això, jo no vaig saber què demanar-te.

L'inici de la decadència de la farinera va començar dos mesos després. Havies carregat els tancs de combustible i els dels pesticides. L'encàrrec d'en Màrius era anar a la finca gran, la del costat de la farinera, havies volat el trajecte centenars de voltes, enlairar-te, buidar, aterrar, i altra vegada enlairar-te, ho havies fet tantes vegades que amb els ulls clucs hauries encertat la feixa. Per això ningú s'ho va explicar. Les primeres conclusions parlaven d'una possible intoxicació que t'hauria ofegat a la mateixa avioneta, i és ben cert que els pesticides que tiraves eren prou concentrats per ésser-ne la causa. D'altres parlaven d'un canvi brusc del vent, fins i tot d'un accident mecànic, però aquestes altres dues hipòtesis mai no es pogueren comprovar; ni tan sols, com deia l'encarregat dels recs de la finca, que una bandada d'estornells que feia de les seves aquell migdia t'hagués pogut malmetre l'hèlix o les ales. L'únic cert és que l'avió s'havia estavellat contra la serra del costat de la finca, una de les poques que hi havia en tota la zona. Mai van trobar el teu cos, només parts petites disseminades per la carena, i també semblava que mancaven peces de l'avió, com si l'accident —deia l'inspector vingut de la ciutat expressament per veure el desastre— s'hagués produït a una velocitat infinitament superior a la que podia arribar aquella avioneta de segona mà, modificada per poder dur al ventre litres i litres de metzines. Hom diu que un dels treballadors de la farinera va veure com omplies de querosè també els dipòsits dels sulfats, i que et van perdre de vista al cap de poc de sortir, com quan t'enlairaves i de seguida pujaves i pujaves, però tampoc ho poden assegurar.

 Mai no et vaig plorar perquè sé que va ser decisió teva, però he pensat moltes vegades en la pregunta que em demanaves que et fes, en la rialla que no amagaves el dia que vam volar plegats per segona i última vegada i m'ho vas ensenyar tot com jo mai ho havia vist. Vaig anar al lloc on diuen que et vas estavellar, i no vaig trobar-hi res, fins i tot semblava que la serra hagués tancat la ferida negra de l'accident per no deixar cap rastre; no hi havia res a veure, només les restes d'uns matolls mig socarrimats que començaven a brotar de nou i algun bocinet de ferralla. Una imatge buida.

L'arbre sense tronc

El sol s'està ponent, se m'ha anat fent fosc mirant les fotografies, ja no en queda, de sol. El vent és més fort ara que a mitja tarda i mou a cada volada el cotxe, com si el volgués aixecar del terra, i per la finestra mig oberta passa un vent gelat que xiula com el dia que em vas pujar amunt, amunt.

XIV

Gust de cendra i mel

El banquet

A casa no s'ha batejat mai ningú. Sí, s'ha passat per l'església, però la mare diu que és aigua sense substància i que fins que no entres als recs i t'omples de fang no pots dir que estàs batejat; i això, que ho ha de fer tota sola la criatura, no succeeix fins als dos o tres anys, quan ja té prou força per sortir d'enmig del cabal d'aigua, gatejant per la pujada que cobreixen els matolls de la sèquia. Abans d'aquest no hi ha cap altre ritu que el d'embolcallar amb greix el cos del nadó i colgar-lo en un clot de terra esponjada: només se li veu el cap. Però el bateig de debò no es fa fins a l'estiu al costat del rec, deixant caure el nen o la nena dins la gorga, esperant que el corrent suau el faci baixar entre les herbes i que, de vegades sorprès, de vegades plorant o rabiós, pugi de la fassera cap als braços de sa mare, que l'espera amb una tovallola blanca de fil —ha de ser de fil, no de cotó—, per treure-li l'argila i les restes de matolls empegades al cos. Aleshores els avis han de fer-li tres creus amb cendra, una a cada planta del peu i una altra entre el melic i el pubis. A mi també em van deixar caure a la gorga i diuen que en Marià va cremar aquell dia fusta de noguer per fer les cendres.

Abans, quan era petit i abans encara —un passat sense temps, gairebé esdevingut mític, on les cares dels meus besavis es barregen entre si, on les mans de les besàvies exhibeixen les mateixes ratlles, talls i calls, venes negres i arrugues als pòmuls que passen d'una cara a l'altra—, ningú no es feia il·lusions que aquell bocí de carn que tot just havien parit complís dos anys, i així, s'esperava a aquesta edat per fer-li el bateig a la sèquia, el bateig de debò el dia de la nit més curta, com el que avui el pare i la mare li han preparat a la Júlia, la meva filla, que ja ha fet dos anys i quatre mesos.

Ja hem dinat, i la tarda s'ha escolat xerrant a taula. El bateig s'ha de fer al migdia —el dia del bateig a l'església no vam fer dinar, a les planes o al poble ningú en fa, només els cacics. Ara tot el menjador reposa amarat d'olors de vi, de carn rostida i havans, flaires denses que es comencen a escolar per la finestra en el corrent suau que xucla i infla la cortina cap enfora. Tots hem sortit a la nit fresca, la Maria, el pare i la mare, els oncles i els nebots, els convidats, fins i tot en Bernat, que ja és mort; fa bon oratge sota la porxada, tot fresc, quiet, la Júlia dorm a dalt. Tot és buit. Cada vegada que hi ha una celebració obrim la taula del menjador; l'obrim com si fos un llibre amb un faristol a sota, les potes postisses que han de suportar l'ala que es desplega per poder aplegar més gent. La mare pica la cullera contra les ampolles de vidre llavorat plenes d'aigua —tota l'herència d'algú que se'n va anar— per dir que el dinar és a taula. Els plats són els dels diumenges, amb els dibuixos del fons i del revers erosionats, ratllats; el corrent del mig del riu ha desaparegut i només queden cap a les vores unes palmeres que apareixen doblegades per poder encabir-se dins de la circumferència del plat, altives entre la selva de color blau que es resisteix a deixar la ceràmica. La mare treu coberts gastats i arrodonits, taques de color cervesa damunt dels ganivets que no tallen i de les forquilles que el pare passa pel cargol de banc per redreçar-ne les puntes.

No hi ha ningú. Els coberts estan encreuats a sobre dels plats i les cadires han quedat separades de la taula cadascuna en una direcció diferent, com si els comensals haguéssim decidit marxar precipitadament. No hi ha ningú: jo també sóc a les porxades, però em puc imaginar el menjador, buit sota la mirada atenta i tranquil·la dels apòstols del Sant Sopar descantellat i una mica tort que hi ha damunt del mirall de la calaixera. La taula està plena dels últims plats i de gots a mig buidar, dels bocinets de suro de les ampolles de cava encara engabiats en el filferro, engrunes, el llaç arrugat d'un regal, tovallons. Tot l'ordre del començament s'ha desfet en el xerrar, i ha quedat estirat per la punta de les tovalles; jo no hi sóc, al menjador, però ho puc veure, assegut a fora amb els pares, amb els oncles i el meu germà que falta, i els nens, que no els veig però els endevino jugant darrere. Les cadires encara tenen el cul deformat, còncau, que marca les dues natges on ens hem assegut. Aquí fora hi ha l'Ernest i la Berna, i també en Marià, i la Isabel i l'Agustí, els veïns dels camps que han portat perdiu en adob i confitats de meló i poma —dins encara hi ha els pots, enganxosos, tacant el blanc de sota amb rodones dolces—, que se n'aniran de nit, passant pel mig dels camps de panís els uns i vorejant la granja els altres. És perquè no hi sóc que veig que al menjador no hi ha ningú, que tots estem aquí en el silenci de la nit mentre el baix obstinat dels grills no para de créixer. Les fulles de les puntes dels pollancres, més clares que el cel, no es mouen; la quietud és immensa, antiga.

En Marià vol veure'm cada vegada que vinc. Va acceptar untar-me les creus quan em van deixar a la gorga; té fama de guaridor, en Marià, el tiet solter de l'Agustí que l'àvia va fer venir per fer-me les creus i les fregues amb emplastres de fang i mel al coll i al ventre, i també per dir uns resos; l'àvia tenia por. El pare havia nascut la nit més curta i jo la nit més llarga, i tenia quimera que això fos el senyal d'alguna maledicció, i en Marià es veu que m'escopí al front i em va fer uns massatges als peus per allunyar-me del mal d'ull i ja aquell dia li digué al pare que viuria entre llibres i que me n'aniria, però que de vell tornaria a viure al poble. En Marià sempre demana per mi, per això l'ha convidat la mare al bateig de la Júlia; ja gairebé ningú bateja així, i ara no s'atreviria a fer resos puix és molt vell i té por de dir-los malament, si les estrofes es diuen canviades poden fer molt de mal, tot ha d'anar al seu ordre. La nit està tranquil·la, suau.

Estem asseguts als bancs dels porxos, amb les begudes a la taula del mig, de fusta sense polir. La Maria està més guapa que mai, plena després de parir, i també la mare, i la Berna i la Isabel, que mostren aquesta bellesa de les dones velles que semblen haver sabut amanyagar el pas del temps al seu favor, arrugant-se a causa del sol i de l'eixutesa de les planes, però sense que ningú pugui dir que aquest rostre canviant és lleig. Fan banys de fang, les dones de les planes, s'unten les unes a les altres d'argila fina, vermella, en un bateig setmanal que els renta els cabells amb aigua de camamilla. La Maria també la van batejar a la gorga, i en Bernat, i també el pare, que ara mira cap a fora de les porxades, mig endormiscat després de menjar tota la tarda a poc a poc. En Marià va fer dejú tres dies abans de batejar-me, sempre m'ho recorda mentre em passa la mà pels cabells com si ignorés voluntàriament que aquest meu cap ja no és el d'un nen. Em mira, i veu de mica en mica el licor que la mare treu d'un pot ple d'alcohol i pomes xafades, i jo cervesa cendrosa, de la que se li tiren brases dins dels cubells perquè agafi el tast de la fusta cremada, i penso que la cara de la mare, i la de la Isabel i la Berna tenen l'aparença indescriptible del gust de la cendra, perquè flairen igual que la gorga, i tenen el tacte del fang fi. Sembla que tot es confongui en aquesta nit, i que a la vegada prengui una forma senzilla d'una nena, la de la Júlia, que dorm suada davall de la mosquitera, dorm petita. Tot sembla adormir-se.

Estem desperts, però, amb el llum de fora apagat i els gots amb plats al revés que els tapen, perquè la claror del fanal o les flaires dels licors no cridin mosquits, només de tant en tant se sent remugar alguna bèstia. Tot és silenci, com si des de sempre només hi hagués hagut silenci. La nit és immensa, antiga.

Vine, nit antiquíssima i idèntica...
Álvaro de Campos

Part Tercera
Desenllaç

XV

El cel des del pou

El sanatori

*D*iu que l'olor de fons d'alcohol i desinfectants que omplia la sala de recepció no acabava de separar-se del tuf entretallat de zotal procedent dels jardins i dels porxos annexos. Explica que l'estança era ampla i blanca de parets, que rellentaven grumolls de tantes vegades com les havien pintat, plena d'imatges religioses collades amb guix a la paret per sobre de les cadires, i que la infermera la va fer seure estona i estona fins que la va cridar. També conta que no ho ha pogut pair mai, que semblava una despulla, prima, amb el cap rasurat i només vestida amb una bata vella que havia perdut la blancor original, passejant descalça pels jardins feréstecs que envoltaven l'hospital. La infermera només sortí fins a les escales i amb el dit li indicà qui era, d'entre tots aquells espectres pàl·lids que vagarejaven sense cap direcció sota els pins, la seva mare.

Que davallà les escales molt lentament, com si tingués por de caure, però que no era per això, sinó pel desassossec que li produïa veure's allà al mig, tota sola, com qui es frega els ulls davant d'una situació que fins feia poc li hauria paregut del tot inversemblant. Que quan es girà per dir-li un encara no sap què a la infermera, la porta s'havia tancat, però que podia veure com la mirava, tibant una mica les cortines fines rere els vidres de la sala de recepció. Només cercava un gest d'aprovació o de suport que li acabés de donar prou decisió per endinsar-se en la pinassa, però l'únic que trobà fou l'esguard inquisidor de la infermera que començava a fer —ara mirant-la a ella, ara al paper— l'informe de lliurament d'un malalt a un civil; i així arribà al jardí, girant-se cap a les finestres de l'hospital mentre caminava sense perdre de vista aquell cos famolenc, el de la seva mare, que passejava davant seu allunyant-se de l'edifici enmig de l'emboscat que el feia passar desapercebut des de la carretera, si no fos perquè la mateixa massa verda el delatava ressaltant enmig dels camps llaurats o de guaret —sempre m'he demanat per què s'amaguen alguns edificis darrere tanques o bardisses, o sota heures. Ella anava mudada de diumenge, amb el capell marró de cinta negra que li vaig comprar a la ciutat. La falda llarga —que alguna vegada hauria vestit la seva mare— se li enganxava a uns esbarzers cada vegada més ufans i que en algun lloc arribaven gairebé a impedir el pas per les sendes estretes, les que travessant els arbres arribaven fins al terròs, una de les quals seguia sa mare lentament, distreta, aturant-se de tant en tant per parlar posant-se els dits davant de la boca, o per riure, fins que li sentí les passes i la veu —Anna!, diu que no sapigué dir-li mare— i es tombà.

La Maria hagué d'imaginar-se aquella dona amb el cabell recollit, sense la cicatriu curta però ampla que li creuava la barbeta, vestida amb les faldilles de pota de gall i la jaqueta verda, així era com baixava de l'autobús cada vegada que arribava al poble, amb les dues maletes de color beix que la senyora li havia regalat perquè a ells no els feien servei; era així com li agradava recordar-la tots aquells anys d'absència, entre les fotografies, els records i anècdotes del seu pare i la seva pròpia cara al mirall, que tothom veia idèntica a la de la seva mare. Per conèixer-la va haver de posar parla a aquella figura muda de peu estant, amb l'esquena un xic torta i els pits caiguts que marcaven els mugrons molt per sota del seu lloc habitual; li hagué de posar enmig dels llavis ulcerats i plens de crostes la parla desimbolta i cridanera del mercat, a la parada de terrissa, la mateixa que ella ara atenia discreta i reservada, com si sota aquell rostre blanc i fresc, radiant, hi hagués el pacte tàcit del dol que li impedís riure de cara a la gent les rialles que només oferia dins de casa o les que es guardava per a mi. Enraona sempre amb veu baixa quan diu del primer encontre que tingué amb l'Anna, la seva mare, mirant-la de prop... de tan a prop com era podia veure-li les taques de tinya i les llagues de la boca, sentir la pudor d'un cos que no sap quan es va rentar per última vegada, però sota aquest tel malaltís que es podria esquinçar amb banys i unes quantes setmanes de cures, es palesava un reconeixement als ulls d'un somriure mínim i breu, i també a la boca, embolcallant la dentadura encara perfecta de l'Anna i que, com en un mirall, es reproduïa en ella mateixa, un somriure fi magnètic que omplia la trobada, un diàleg sense dir. Feia dotze anys que no es veien, l'una era una nena que ara era dona, l'altra una dona que ara era una merda. Li acaronà el cap de cabells curts clapejats de tinya i li prengué el braç.

Aquella despulla de persona que vaig veure baixar de l'autobús, tremolant donant la mà a la seva filla, no tenia res a veure amb la que somreia, saludant rere les finestres la primera vegada que tornava al poble des de la capital, dotze anys abans; en res s'assemblava a la que arribava elegant i pentinada, carregada de paquets de roba que els senyors ja no volien i que ella arranjava per amidar-la al seu cos o perquè li anés bé al seu marit. La

Maria marxà a buscar-la al sanatori amb un d'aquests vestits que, com tots els altres, havia hagut de descosir i tornar a ajustar per segona vegada, el vestit marró, i duia també les maletes beix amb prou roba per vestir l'Anna i tornar-la al poble, i així, l'agafà de bracet, i envoltada enmig del jardí d'altres bojos que la miraven o li deien, caminà ben dreta cap a l'hospital, mirant vers la finestra on hi havia la infermera, ara acompanyada d'un senyor més gran, amb ulleres i bata blanca de metge, que li deia coses a cau d'orella. Les monges van vigilar tota l'estona la Maria mentre rentava l'Anna amb aigua freda i també després, quan la vestia, fins i tot va veure com la miraven de reüll caminant cap a la sortida de l'hospital militar, quan finalment li va posar al cap el mocador que duia al voltant del coll, i prengué la maleta i l'Anna per anar a esperar l'autobús; talment com aquell dia de juliol pocs anys abans de començar la guerra la mare agafava fort la mà a la filla i la deixava al costat del seu pare al poble, quan l'Anna anà a servir a ciutat i ella només tenia vuit anys. Així és com la Maria es va fer gran, de cop, fent de pigall camí del poble a una dona que barbotejava paraules inintel·ligibles o reia somriures innocents i adolorits. Abans, però, tornà a trobar la infermera sota el xiprer que a manera de parada d'autobús s'aixecava al costat de la carretera, a l'entrada ampla que obria el camí cap a l'hospital, on esperava des de feia estona, tot pensant que a l'edat en què totes les seves companyes començaven a ser mares, ella trobava la seva, començava a ser filla, estaria prenyada de mare. L'autobús passava només al matí i a la tarda, i encara faltava un quart d'hora ben bo... la figura llunyana que venia pel camí i que la Maria no reconegué fins que va ser a tocar era la de la infermera, que plegava del torn i agafava l'únic autobús que passava per aquelles contrades, una dona ferma trescant amb dificultat, gran i grossa com era, d'aquesta edat avançada però enèrgica que diu que qui la té ja les ha vist de tots colors.

La infermera la saludà breument, amb la veu baixa, mirant nerviosa però també desafiant cap enrere, com si busqués algú. «Se li ha de posar iode als llavis, aquí no en tenim, bé, sí que en tenim, però només per a les cures dels soldats; també li haurà de rentar les parts amb sabons greixosos, els fets amb el sagí del porc són els millors per a la tinya. Cuidi-li les taques de l'esquena, ara la té una mica millor però si l'hagués vist quan va arribar!» La infermera coneixia la història, sabia que feia dotze anys que ningú sabia res de la morena, que era com anomenaven l'Anna quan l'havien d'anar a buscar per dormir, o a l'hora de donar el ranxo. Explicà la infermera —parlant fluix i mirant ben bé que les últimes monges haguessin entrat ja a la residència— que l'Anna no era un cas estrany, històries més rares havien vist a l'hospital d'ençà que hi afegiren l'ala del sanatori. De fet, aquella dona que pixava dreta i es mullava la bata, el que feia estona que estava arraulit a sobre d'un banc de pedra amb el cap entre les mans, o els altres, qualsevol altre de tots aquells que encara caminaven perduts entre els pins, qualsevol d'ells podia tenir una història semblant a la de la seva mare, àdhuc més insòlita. Ella havia llegit els papers que a la Maria no li donarien ni els hi deixarien mirar, ni tan sols havia de saber que aquells papers existien —«D'altra banda, què n'hauria de fer, vostè, si ja ha trobat la seva mare, oi?»— i que havien de guardar-se arxivats dins del sanatori. La seva fitxa deia que l'havien trobat caminant nua per les serres del sud, essent l'última constància mèdica del seu parador abans d'arribar a aquest sanatori la data d'ingrés en un hospital de campanya de la capital encara sota control republicà, presa d'atacs de nervis a causa de les bombes, on s'afegia un altre ingrés per la fractura d'un braç després d'haver estat tres dies soterrada en un rebost que finalment cedí al pes de les runes. Això és el que deien els papers, les fitxes, els informes. Entre els del primer hospital i el que ara duia la Maria dins de la bossa —el certificat de lliurament a un civil, com l'entrega d'un paquet— hi havia els dotze anys muts de la dissort de l'Anna, dels quals l'únic que podia contar-li la infermera era el que ella havia pogut escoltar de les escasses frases que havien aplegat a l'hospital de tot el que la morena deia —a qui, val a dir-ho, no sempre se li entenia el parlar, ni tan sols al començament de la seva estada.

—No para d'encetar-se els llavis de tant com se'ls toca, miri quines crostes, tot se li infecta, ja ho veu quin cos —digué la infermera mentre l'Anna es passava les puntes dels dits, ara ja nets i amb les ungles ben tallades, per les comissures i pel borrissol que se li havia fet al voltant dels llavis.

L'Anna deixà els senyors i la ciutat caminant de tort, amb el braç enguixat i sentint de fons encara el soroll sec i repetitiu de les bombes, i de ben segur l'únic que desitjava del camí era la certesa boirosa d'allunyar-se d'aquella remor i anar a ponent, cap a casa, només que —a diferència de les persones i farcells que fugien, a peu o com els soldats, carregats en camions— ella no sabia del cert cap on anava, quina era la direcció que havia de prendre per travessar el front, i començava a no saber per què queien les bombes i per què aquella gent l'havia atonyinat quan els va dir que tornava, que no volia fugir, que veia en aquella altra direcció un imperatiu que anava més enllà de la guerra, però el cert és que perdé el guix enmig de la pallissa, i el braç començà a penjar fins que se soldà malament, i així li ha quedat fins avui, torçat. La gent la mirava malament, això encara ho entenia —«ho veu, avui també se li ha quedat, i s'espanta quan algú la mira agressivament o amb actitud amenaçadora»—, i fou aleshores que començà a anar cap a casa —quan encara sabia que tenia casa—, per camins amagats que travessaven pobles petits, per viaranys poc freqüentats, del tot inconeguts per ella, atzarosos de vegades. La infermera sabia del cert que en un campament roig la van interrogar sobre la seva procedència i que encara recordava el seu nom i els cognoms, i els del seu marit i els de la Maria, però l'adreça li havia fugit del cap i donava sempre la de casa dels senyors, quan els milicians esclafien a riure perquè la minyona encara donava l'adreça dels amos i no sabia a quin costat es posava, si dels uns o dels altres. Malgrat el braç una mica tort, feia goig de veure, i així van anar fent al costat de la tenda, un rere l'altre, mentre l'Anna va deixar de queixar-se i somicar i rebia quieta damunt seu cadascun dels guerrillers, sense moure ni un sol múscul, trastornada, fora de si. Així quedà estesa, com morta, un dia sencer fins que aixecaren el campament i una puntada a les costelles l'arraulí abans d'aixecar-se i marxar, caminant cargolada, com si despertés d'un malson.

Així fugia l'Anna entremig de les serres amb un instint acabat d'aprendre que diu que no t'has de trobar amb els homes perquè hi ha perill quan només hi ha homes, fugint dels masos massa grans on n'hi podria trobar o on podria ser vista, sotjant des dels turons si hi havia tendals de color verd estesos al sol per canviar de camí. Inevitablement, de vegades es creuava amb grups de milicians que oferien un aspecte tan poc eixerit com el seu, i quan li demanaven on anava, qui era, al costat de qui es posava, no rebien resposta, no sabia què dir, se n'havia oblidat, del partit pres per la campanya, s'havia oblidat també dels noms i dels llocs i només una vaga idea de direcció en el caminar —que ben bé podia ser errònia— la guiava. El brogit de la guerra l'havia trastocat, l'havia deixat sense res, sense la rialla que d'antuvi posseïa el seu rostre blanc com la terrissa esmaltada que venia, sense el cos fi i ben fet amb què se n'havia anat de casa, amb una raó que ja no deia res, que l'únic que feia era assenyalar-li un punt de fuga aproximat cap on es pon el sol, una direcció indeterminada i incerta, llunyana.

No va passar el front, puix que va ser la rapidesa del front que li va passar per sobre, a ella que s'havia oblidat que hi havia una línia que avançava i que separava els uns dels altres; perquè sí, ella també havia sortit al carrer a ajudar els milicians que marxaven cap a la batalla, però ja se n'havia oblidat, les bombes havien buidat aquella memòria que ara estava ocupada només per un espai gris i sense forma, verge, preparat per acollir qualsevol altra cosa o qui sap si impossibilitat per contenir res més, un vertigen mentre davallava pels camins que la duien a les planes. Ja no parava als pobles, a l'últim la gentada que l'havia envoltat no deixava de demanar-li de quin bàndol era, i quan no va saber què dir, va haver de marxar a corre-cuita, enmig de les pedrades, dels insults i gargalls i de la gent que, agafant-la i grapejant-la, li esquinçava la roba, i quan va sortir, l'únic que va trobar per tapar-se els pits va ser roba de sac.

Aquells dies el seu aspecte ja la feia boja, tot el cabell hirsut, els parracs sota l'arpillera de sac tacats de la pudor de les menstruacions, caminant pel mig de les serres, ara sense cap direcció, oblidades les planes, només caminant per evitar els homes i els pobles, menjant aglans i regalèssia, i borraines i bledes boscanes que creixen sense que ningú les planti, tot cru. Tres vegades la van detenir les batudes que es feien pels camps, i no va ser fins la quarta que la van dur cap a l'hospital; abans no la podien fer presonera, perquè ningú sabia si havia estat o no republicana. No s'és mai innocent sense passat. La infermera sabia que vagarejà gairebé durant un any i que finalment va anar a parar a un

L'arbre sense tronc

poble del sud on no feia fred i on passar l'hivern al ras es feia més suportable, fins que el metge la va haver d'atendre de pulmonia, i des d'aleshores que era amb els altres bojos. La recordava quan va arribar, primíssima, tinyosa i amb les menstruacions hemorràgiques que li provocà l'avortament. La infermera li explicà que mentrestant —fins que emmalaltí en aquest últim poble— caminà sense parar d'un lloc a un altre, sempre sota sospita de ser algú de l'altre règim, el mateix que havien sospitat els milicians, mentre la dona s'allunyava, boja, sense saber a qui pertanyia, de quin bàndol era. Hi havia fulls d'ingrés als calabossos dels pobles, estades breus perllongades fins que s'adonaven que no era una bogeria fingida i la tornaven a deixar anar, sempre als afores, fent-la fugir dels pobles uixant-la com un gos. Si hagués pogut parlar i dir que no havia estat republicana de ben segur que haurien buscat la manera de trobar la seva família, però aleshores ja no sabia ni enraonar ni escoltar.

La Maria ocupava el seient del costat del passadís i l'Anna el del costat de la finestra. Cada vegada que es volia treure el mocador ella li tornava a posar bé, no era convenient que anés ensenyant les vermellors encetades del cap, i li apartava els dits de la boca quan es volia palpar les crostes. No havia vist baixar la infermera. Aquesta, de seguida que van pujar, va anar-se'n enrere, no convenia, buscant un seient lluny d'on eren elles; quan arribà la parada passà pel seu costat per baixar de l'autobús, va trobar la Maria adormida amb el cap recolzat sobre el braç tort, sobre l'espatlla esguerrada de sa mare. L'Anna la va mirar mentre es tocava les crostes de la boca.

XVI

Blanca llet filtrada bevem

La presó

La història certa dels camps blancs diu que no hi ha cap indret que canviï de fesomia sense alterar la memòria i, així, ens parla de com els llocs que desapareixen ho fan per sempre més, enduent-se amb ells cadascuna de les cròniques que s'hi han referit i que ara ningú no recorda, com si s'oblidés que el temps que passa ha acabat amarant d'història els camps blancs, fent-la penetrar sota el terrer a la manera de la pluja fina. Si alguna cosa ha de canviar, que ho faci com la pluja fina, caient de mica en mica per tal que la terra es dissolgui bé i deixi pòsit i marca del passat anterior, així ho conta la història certa dels camps blancs, l'extensió vastíssima dels quals començà a ensenyar estaques vermelles alineades, en un advertiment de la ferida que més d'hora que tard els farien les màquines, passant per les ratlles que a manera de talls s'havien dibuixat, perforant sota les creus que els agrimensors havien traçat, acumulant terra arreu on els ho manaven els plànols.

No es van prendre la pena d'enderrocar els barracons, que, com una peça més del paisatge —una peça petita, perduda i prou allunyada de la carretera per ser deixada al marge—, s'havien anat esblanqueint, tot unint el terreny amb les parets per la part de baix a causa de la pujada constant de les sals i a la de dalt pel to cendrós de la terra clara dels salobres que el vent aixeca i diposita sobre les teules, sobre les restes d'allò que avui de lluny estant ningú sabria dir si és un corral de secà per als ramats que encara travessen la zona o les restes allargades i encalcinades d'una granja abandonada. Tampoc han tret les bigues de la tanca de filferro, algunes de les quals han mig caigut partides a terra, sostingudes només pels ferros de l'estructura de dins i pels filferros rovellats que les lliguen, blancs i negres de sals i òxids; bigues a punt de caure acompanyades en aquesta dansa trencada pels pals de la llum que van fins als barracons, inclinats, suportant-se els uns als altres pels pocs cables elèctrics que encara es veuen tensats. Tot blanc, fins i tot aquestes figures tètriques alçades enmig d'un gebre de sal, com en un hivern permanent sense estació.

Perquè la carretera també es torna blanca, dels dies que el vent del nord aixeca una boira albina i inconstant i la dispersa per sobre de l'asfalt, fins que plovent es fixa, i rosega els senyals de trànsit i la tanca de les vores. Les herbes que van plantar als talussos es van morir totes, i tornades a plantar, marcien les fulles cendroses cada vegada més amunt dels pendents que aixecaven la carretera, com si els camps blancs intentessin menjar-se aquella línia recta entre dues ciutats llunyanes que casualment els travessava. Així ho denotava el mal estat del ferm, tot ple de bonys, sots i esquerdes que sondrollaven els amortidors dels cotxes fins que els feien sortir de la carretera, com ho palesaven alguns dels vehicles bolcats a uns quants metres del voral, menjats per la corrosió de sal lenta però sense aturador, que sempre començava a ratar-los per les parts malmeses al mateix accident, mordicant els traus abonyegats i els descoberts de pintura; si els miraves bé als fars, podies veure com estaven patint.

La gran llacuna salada que havien estat temps ençà aquestes planúries encara filtrava aigua, apareixent i desapareixent, capissera. Cap de les solucions que els enginyers van endegar solucionaren els desnivells i els clots, les esquerdes que travessaven o les esllavissades fines de terra sota la capa d'asfalt que feien que el ferm es fracturés, com una terrissa fina que s'esvorella als cantells. Les aigües seguien filtrant, embassant àdhuc els carrers del poc que quedava d'un polígon industrial, avui abandonat, que provà fortuna amb la construcció de la nova via —fins i tot la benzinera hagué de tancar davant l'avenç inexorable de la salinització que es menjava els dipòsits de combustible—, i ara les portes metàl·liques dels magatzems ensenyen tot de taques virolades de salnitre i rovell.

Tot el blanc dels camps ve de les sals que pugen més i més cada vegada que plou o que creixen les aigües subterrànies, i fan ascendir de sota la terra salobres que marquen cercles eixuts i agrests vorejant els escassos matolls que necessiten més i més aigua, però que veuen com en cada pluja la humitat fa pujar més i més sal, i les plantes pateixen perquè saben que més o menys aigua sempre vol dir més sal, i sofreixen també perquè tot el camp va quedar prou malmès quan van entrar-hi les màquines i encara avui no s'ha recuperat de la sotragada del trasllat de terra, de les rases i dels desnivells; tal vegada per això mostra més que mai les taques de l'augment dels salnitres, com si de l'erupció cutània d'un terra malaltís i alterat es tractés. En el pla del terrer les obres van durar poc temps, molt poc d'ençà que un bon dia els cartells i les estaques vermelles enmig del no-res van delimitar per sorpresa la zona afectada. El terreny pla facilità les obres i l'asfalt es desplegà ràpid, com una catifa negra que es desenrotlla enmig dels camps, trencant la forma apresa en els anys; però la història certa dels camps blancs diu també dels dies passats i dels futurs continguts en un present prenyat, com una euga que ha de parir, retenint en l'avui de la matriu inflada tota la història passada i l'esdevenidor; així ho pensava el vell, o si més no, així ho deia aquell dia tot mirant les màquines color carbassa que es passejaven sobre el blanc immaculat, aquell que no s'havia trepitjat des de feia més de trenta anys.

No és l'única llacuna salada que hi ha pels voltants, n'hi ha de més petites al mig de depressions suaus i fines, planíssimes, que acaben fent una balma amb l'aigua que tenen dessota, encara que es fa difícil saber quines són o on són les fonts que peixen aquests llacs salats de poca fondària, capricioses en l'aparèixer i en el desaparèixer, sense que hi tingui res a veure l'estació de pluja. És cert que durant aquesta temporada acumula la que hi ha caigut, però també pot ser que no plogui durant mesos i un dia inesperat la llacuna comenci a enaiguar-se i una extensió enorme s'ompli, vastíssima inundació d'un pam d'aigua, res més que un pam d'aigua, plana com és. L'aigua ve de lluny, els han sentit dir al cafè als operaris de manteniment de la carretera, no sabem d'on ve l'aigua, ningú sap on és la capa freàtica, diuen els enginyers.

—També els barracons s'omplien d'aigua —em deia el vell—, fent les mateixes basses que defora el camp, una taca petita que s'anava eixamplant fins que els diaris que posàvem arreu ja no la podien embeure, i acabava així omplint tota la superfície del terra, tacat de l'òxid de les potes dels llits, que en dues setmanes estaven totalment rovellades, i quan arribava l'aigua, el matalàs es feia prim com el paper perquè la humitat hi entrava i semblava desfer-te els ossos com si fossin sucre. Els llits van venir després dels encanyissats que teníem per màrfega; abans d'acabar els barracons, vam estar vuit mesos així, dormint a sobre d'encanyissats folrats amb parracs i diaris, dormint vestits, els uns contra els altres, per no passar fred. Ens donaven més coses quan érem menys mans alçades a l'hora de repartir, i quan les baixes de còlics i tuberculosi van minvar la gentada dels barracons, ens van posar els llits, només érem mans alçades. Els anys dels llits van ser els dels sacs; com que no sabien en què fer-nos treballar, cosíem sacs per a l'exèrcit, i també lones per a cobertes de remolc de camió o per a fundes de vehicles militars; tot això va venir amb els últims anys, amb la millora del ranxo i les primeres visites a casa, quan el malson cada vegada semblava més llunyà, com si tot el que haguéssim viscut fos només un mal record que desapareixerà si saps com fer-t'ho per no deixar-lo tornar, així pensàvem els últims dos anys, havíem arribat a estar tan malament que tot el que venia de nou ens pareixia bo, i fins i tot en determinats moments arribaves a pensar que tenien raó i que aquella gent que ens custodiava era bona gent. Havíem après a evitar les pallisses, i la ràbia i la humiliació de mica en mica van anar transformant-se en una mena de complaença estranya, com si no hagués estat la guerra, sinó la malastrugança la que ens dugué allí, tots plegats estàvem prou malament del cap. Fins i tot, sense saber-ne el perquè, l'alegria.

Han de tornar a fer la carretera de cap i de nou i, segurament, en comptes de drenar amb graves i desguassos els fonaments del ferm, li canviaran el recorregut, evitant el pas pels camps blancs, fent-la córrer pel peu de les primeres elevacions on l'argila grogueja damunt de les últimes taques cendroses que la sal puja. Quan les màquines van entrar a la zona per primera vegada, el vell pensava que l'asfalt i el ciment del polígon s'acabarien menjant l'extensió enorme i blanca, que allà les cases creixerien ràpides, pla com era el terreny; imaginava noves porcions cimentades fins a arribar als barracons, que quedarien com una part allunyada on llençar escombraries i deixalles. Ells mateixos els van construir i, malgrat l'esgotament de vuit mesos de dormir al ras, anaven ràpids; i explica com, quan van tenir acabades les parets, els guàrdies no els van deixar posar les bigues per fer el sostre tot i que aquestes eren allà mateix amb les teules, i així van seguir dormint sota unes lones que feien de sostre improvisat, encara que en despertar no veiessin el camp obert «sinó les parets d'obra encara humida que ja havíem acabat i que, com a mínim, arreceraven del vent o del moviment de la boira. En acabat, amb la teulada van arribar els treballs, com si fos un cobrament pel menjar i l'hostatge, els sacs que s'amuntegaven al terra, les lones i, fins i tot, durant una temporada cordes per fer xarxes, llaunes que s'havien d'embalar i d'altres feines manuals que algunes indústries del règim feien arribar».

Dins dels barracons no caminaven, ja havien caminat prou els primers mesos, quan es va acabar la guerra i els van dur des de les presons de la capital fins al tancat de filferro i bigues que abastava tota la grandària dels camps, dins de camions de bestiar, recorda el vell: «quan van obrir les portelles vam saltar al terra, i quan vam demanar on anàvem ens van dir que enlloc, que seguíssim caminant. Ningú gosava demanar-ho més i així, en la primera volta de les moltes que vam donar al recinte, vam caminar lentament, més de mil dos-cents homes famolencs i cansats, i així vam estar vuit mesos, només anant en cercle i dormint. El camp estava sec quan vam arribar, i en el caminar aixecàvem un polsim blanc que enfarfegava l'aire, i ressecava els narius i feia lleganyejar els ulls rere les parpelles polsoses i clivellades. De tant en tant algú queia i d'altres l'agafaven fins que el pes els vinclava a ells també, i aleshores el deixaven estirat mentre aquella desfilada patètica s'obria per no trepitjar-lo, com el corrent del riu quan troba un illot. Així vam estar vuit mesos tots els presos que podíem caminar, cada vegada més illots de tuberculosi o llagats dels peus, fins que la plana començà a suar aigua i caminar entre el fang es féu més pesat, i va augmentar el nombre d'asseguts a les vores del cercle, que es doblegaven rebentats mentre els guàrdies se'n fotien; del pencar pel fang salat en deien la verema. L'estiu era un cel de llum blanca, encegadora del sol i de les sals de la terra, que demanava migdiades a l'ombra que no ens deixaven fer, maldaves per un bocí de gec que poguessis posar-te sobre el cap per no caure d'insolació. Els homes es coneixen quan les coses van mal dades, no al poble dia rere dia, sinó quan hi ha una situació estranya o un moment excepcional que els violenti el caràcter, perquè jo he vist miserables i lladres donar la ració als anèmics i d'altres que fins i tot havien escrit als nostres diaris del front, vantant-se d'il·lustrats, fent de guàrdies, atiant els que voltàvem els camps o delatant la identitat d'aquest o d'aquell altre. A la capital, durant els bombardejos vaig veure dones de missa guarnides de diumenge maleint el santoral i també pregar a descreguts de tota la vida, com si l'excepcionalitat fes fer memòria a cadascú de quin és el seu veritable ésser. Hi ha homes que descalcen les botes als més afeblits, a aquells que ni tan sols poden queixar-se, si les seves comencen a foradar-se, i, ho he vist, d'altres, acostumats a anar descalços, donaven les seves més toves o més bones als que tenien els peus infectats de les escorxadures del caminar. Els dies de sol i la brutícia ens feien mirar com bèsties, perquè la nostra cara era així, de bèstia, caiguda, arrugada del sol i de l'aire salobre, acompanyant una expressió de pèrdua que mai més ens hem pogut treure. Els primers mesos van ser els més durs, després la rutina et fa semblar quotidiana l'acció més abjecta i el pitjor de tot és que ja no saps si allò que acaba de passar davant teu és o no és una barbaritat, Assís, no ho saps, perquè al final no saps si quan camines ets en una processó o si quan menges en un dinar familiar, fins i tot a l'hora del pati, quan ens deixaven descansar després de dinar, perquè enmig de la tristor del camp he vist jugar a cartes fetes amb papers de diaris i ballar mentre d'altres cantaven i picaven de mans. Sembla com si l'home fos una bèstia que es pot acostumar a qualsevol cosa, però no és així, no és així, perquè quan vaig arribar a casa vaig plorar tres mesos i les seves nits, trobava a faltar el camp, cosir els sacs o les lones, fins i tot caminar, perquè no m'acostumava a veure-us, i els llençols nets i blancs i els pits de la teva tia, els pits de la meva dona, m'eren colors estranys que no gosava acaronar, encara que ella m'abracés, quan jo restava immòbil i quiet, fins que aleshores somicava com un nen i m'arraulia més i més com si volgués ser una mongeta, petita, petit dins d'ella, no havia plorat mai al camp. Aleshores enraonava i enraonava per buidar el pap, sabent que el pap no es buida mai d'una cosa així, que, com la llacuna salada, torna a supurar aigua estranya sense saber d'on ve, omplint-se: l'únic que pots fer és acostumar-te a viure amb ella. I tot això sabent que el meu poble era només a quatre hores de camí, i no com molts altres que tenien la família en regions més allunyades. I només al final ens van deixar rebre i escriure correu, malparits. Si no ho tornés a pensar podria fer veure, fins i tot, que ho puc oblidar. Però no és així, perquè només cal mirar la carretera mig desfeta que diuen que abandonaran o els barracons blancs per adonar-se que la llacuna tornarà a aparèixer any rere any com quan la fangàvem tot caminant, o quan esteníem els sacs que cosíem, al terra de formigó dels barracons perquè s'embeguessin de l'aigua salada, com un mar enmig de les planes. La roca plora, diem, quan filtra aigua, l'enraonar s'amara.»

La història certa dels camps blancs diu que a la carretera li diuen la carretera vella, que dibuixa un ramal que parteix en dos el blanc, sortint i tornant a entrar a la carretera nova. És un negre crivassat, com el fang quan es resseca, un negre cada vegada més blanc perquè les esquerdes amaren el ferm suant des de sota. Els senyals envellits pel rovell indiquen quilòmetres inexistents, passos i accessos negats o plens de les herbes salades, les úniques que gosen créixer aquí, fent fulles inflades d'aigua per poder dissoldre les sals blanques que la terra supura.

XVII

Tel negre dels ulls

La granja

*E*ra tot quan encara respiraves salut, el temps de les galtes colrades i dels braços amples i forts per jugar a abatre a terra els vedells; si li torces el coll amb prou decisió hi ha un moment que el vedell és tot teu i caurà a terra, bramulant, movent les potes i esquitxant de fems. El dominaves en un moment llarg però sense durada durant el qual tot el seu vigor et pertanyia. Rabiüt, li obligaves el cap i romania ben quiet, com quan jugant en Bernat et torçava el braç rere l'esquena: aleshores només calia un petit gest sense força, un petit moviment de cap amb el vedell vençut, arquejant-li una mica més el coll, el gest que el tombaria a terra. Mentrestant, li miraves el negre dels ulls, aquest era el petit instant sense temps que et deia que eres més fort que ell, que les mans gruixudes i els braços forts dominaven el seu coll —els braços forts, nerviosos i tensats de fer anar la pala, i les mans endurides que grataven, la Maria sempre deia que li grataven els pits i les cuixes fines— mentre la bèstia et mirava quieta, esbalaïda sense poder-se moure, un minut, dos, tres, ràpid al terra, fort, era aquest instant que et deia que no passava el temps, podies fer el temps etern, sense passar mentre miraves el cap girat i els ulls —sempre els ulls miren els ulls— al revés i decidies el moment en què la bèstia, seguint el coll, s'escoraria i cauria, víctima del seu pes.

Els ulls sempre miren ulls, fascinat vora les bèsties al costat dels pessebres, de la palla i dels sacs de pinso, quan els vedells menjaven dels pessebres de pedra traient el cap dins de la menjadora metàl·lica. Els posava el menjar una mica més lluny gratant el formigó amb les mans —el soroll que tant els agrada i atreu— per fer-los venir més, només una mica més estirant el coll, per aleshores, en un moviment ràpid i traïdor, fermar el reixat, i el vedell quedava collat; podia menjar però no sortir. La tanca, sense apretar-lo, li impedia fugir. Calia anar amb compte, sempre: si no encertaves el moment, la mateixa fugida del vedell podia fer-te mal, la tanca saltava i et colpejava la mà. Si ho feies bé, però, el fermall el subjectava, no li deixava treure el cap. El vedell començava a tibar enrere amb cops secs que movien tota la barra, amb cops secs, un estrèpit de sorolls de pèl i os contra ferro, de fems i palla remoguts per les peülles que relliscaven en totes direccions sense poder alliberar la testa.

Els ulls miraven els ulls del vedell lligat que aixecava el morro i et guaitava, i el seu esguard t'atreia perquè encara avui no has trobat cap altra cosa que et sedueixi més que l'absència de paraules per descriure la negror dels seus ulls, què dius, què diu el vedell, no diu res, el vedell. Tancar-lo era només per mirar-lo als ulls per trobar aquesta mirada inquietant, indefinida sota el tel blavós; les parts més vives de tot el que és viu s'instal·len en l'ambigüitat, en el no saber què dir. Potser ara et podria tocar amb el morro i xopar-te la mànega amb les babes blanques i espesseïdes que els cauen de la boca quan mengen, potser et bramularia a cau d'orella, però l'important era que podies mirar-lo als ulls, mirar endins dels ulls travessant la teva imatge deformada, com en un mirall còncau, en la negror humida i plorosa, el primer tel sota el qual el buit és absolut, un buit indefinit, líquid però ferm, condensant totes les coses de què pot emplenar-se.

Els ulls miren la mirada inquietant del vedell, totes les mirades dels animals són inquietants, mirades riques i indescriptibles, pots descriure les mirades dels homes, fins i tot les de les dones, les dels avis i nens petits perquè vénen acompanyades de paraules —què faries sense les paraules— però no la dels animals. Per la mirada, els insectes no tenen cap interès, els peixos i les aus una mica més, els porcs miren interrogant-te i els cavalls com si estiguessin tristos o seriosos, però mai ningú els ha sentit dir res; els galls i les gallines miren entre desconfiats i indignats, i els ànecs riuen, com les oques i els corders, però no conten, no diuen res, i no dir res és poder dir-ho tot, no tenir història és tenir totes les històries, no tenir paraules és dir totes les paraules. El vedell et mira amb mirada de vidre negre que t'atreu més i més, com el pou de l'aigua, sempre et feien por amb el pou de l'aigua, fosc, et deien tot sovint que una vegada un nen s'hi havia ofegat —una vegada, sempre una vegada perduda en el temps; morir és caure en el negre—, i obries la portella de fusta i miraves estona i estona intentant pouar alguna imatge de la fosca sense forma que et sotjava des de sota, aquell negre que mirant i mirant no acabaves de destriar, pur negre.

La mirada que cerca dins del negre va cap a la granja, els estables de quan encara les galtes colrades que avui només són una ombra borrosa, el tancat és ple d'herba, brossa que caminant tot just separes amb els genolls i les botes, herba als peus, malesa que creix a les parets, heures que pugen fins a la teulada. La granja no era gran —res a veure amb aquelles granges enormes que a primer cop d'ull semblaven paisatges de lloms o camps de plomissol— i, si no hagués estat pel tancat, les bèsties no podrien encabir-s'hi totes. D'una de les parets d'obra vista encalcinada amb taques de salnitre sortia el filferro que tancava tota la superfície, bocins d'herbei macats de cagarades dels vedells i de les vaques, els abeuradors de les gallines, els dels porcs, les piles d'aigua dels vedells i, al final de tot, les cases d'uralita dels gossos. Al bell mig només el roure gran amb l'escorça gastada i lluent, fregada per la pell de l'esquena dels vedells. Cap granja era gran aleshores, quan encara donàvem les restes del menjar als porcs i les gallines que després matàvem i menjàvem en una escatologia de la carn contínua. Cap granja passava dels seixanta vedells o dels cent porcs, com un acord tàcit entre els pagesos: qui està massa enfeinat treballant no té temps per fer diners; ningú tenia capital, aleshores, només bèsties i camps, i totxanes que es desfeien pel salnitre, pous perforats a la roca per beure-hi tots, el gos també vol aigua bona, cap capital. Els esbarzers l'han pres completament, fins i tot els filferros rovellats i desiguals semblen ara estenedors en desús, cordes febles i destensades, que l'únic que poden sostenir és fullaraca i heures seques. Fa uns quants anys encara podia entretenir-me netejant alguns entradors, traient les mates que creixien enmig de les totxanes, damunt de la paret o a la teulada, o lligant les finestres que portegen al vent; ara tota aquesta natura omple el buit que la nostra feina deixà i la nau del mig roman buida però plena d'herba, d'heures que creixen de dins cap a fora i fan seva la paret, plena del mateix esbarzer entrellucat que assetja la resta de l'edifici. El pou put a ous podrits, una sentor que de lluny estant m'arriba. Ara no gosaria mirar, perquè de vegades el negre del fons t'hi deixa veure.

El camí que va cap endins es fa més estret cada vegada que vinc, entre bledons i salats l'herba ha crescut amagant la terra clara i resseca de la senda, ha pujat colgant el negre corroït de les relles de les arades, de les màquines de l'alfals i de la pala de treure els fems, i el tractor vell és només un ferro mutilat pels venedors de recanvis i els pispes, un niu d'òlibes enmig de les xapes i desferres, hi ha tantes coses a dir. Enraona, memòria, i digue'm de les hores damunt del tractor quan encara estudiava i baixava caps de setmana i estius, i els grecs i els llatins que llegia i traduïa xerricaven dins dels alternadors i les marxes, dins de les inconstants fondàries dels solcs que les relles esventraven. Enraona, des del negre del fons del pou, enraona des del negre de dins dels ulls del vedell, des del centre dels anells dels troncs tallats, des d'on vulguis, parla o desbrossa, perquè el camí que va cap dins cada vegada es fa més estret. I el temps ja no és jove.

El camí s'endinsa per l'era cap a la porta d'entrada de la nau. Fa un sol rabiós de primavera que escalfa l'esquena travessant la camisa, penetrant dins la granja en un blanc radiant contra el negre de l'aire i el fosc del terra, fent nedar la pols que aixequen les passes. Cap al fons, cap a la tanca dels ferros i dels pessebres cada volta hi ha més llum, aquí havies passat tardes raspallant les eugues i acaronant els vedells, t'agradava tocar el pèl aspre sobre el dur de l'espinada, i endevinar l'interior de la bèstia, tocar el pèl dels quarters o el més fi del ventre i del coll, el tacte estrany i moll del musell i dels narius, les orelles, les mamelles, munyir, tocar. Tan difícil com la mirada del vedell, explicar-te el tacte, saber del que hi ha sota la pell pessigada, sota l'amunt i avall de les costelles, ara dur ara tou, volent endevinar davall la pell bruna l'escalfor que anima aquesta vida, càlida i fètida. Senties una vida estranya, com quan de petit agafaves la mà forta i vella de l'oncle, o quan li tocaves el cap calb i calent, aspre del sol, amb les teves mans menudes, un cap estrany, ossut i de pell tibada, estrany com quan el veies feinejar sense camisa, vell de carn tova. També ho vas sentir quan vas abraçar per primera vegada la Maria, i el seu cos s'amidà amb el teu, les teves costelles amb les seves, els seus mugrons sortits contra el teu pit pla, o el dia que et vas dislocar l'espatlla i et veies l'esquena allà on no tocava, com si aquesta novetat pagués el dolor que senties. Vides estranyes, t'ensenyava la granja.

Aquí, cap al fons, en aquesta sala dels finestrals oberts a l'era que ara mig amaguen els braços dels esbarzers, hi havia el començament i el final de la granja, de totes aquestes vides alienes i desconcertants, vides estranyes quan les vaques s'obrien de potes i musculaven els quarters, les costelles tancades, i l'olor de sang inundava la sala, inquietant i irritant les altres bèsties, que xisclaven i bramulaven nervioses. Posaves el braç dins la vagina de la vaca i tocaves el cap del vedell. Abans el pare te l'havia fet remullar durant mitja hora en aigua calenta, per netejar-te i perquè quan el posessis dins estigués a la mateixa temperatura. Tocaves el cap del vedell i la tensió de l'animal s'esdevenia en tu, endins, tibant del nounat, sentint de prop la fortor del naixement que et queia sorollosament als peus, barrejat amb sucs i humors sanguinolents, un bocí de carn molla aguantant-se amb dificultats, amb un pèl lluent i fi de l'aigua que t'amarava a tu també, i uns ulls vidriosos negres contenint ja les mateixes preguntes, mentre la vaca, esgotada, perdia rigidesa i força amanyagant el petit, tremolós, i tu allà, tacat de sang de dalt a baix, amb una pudor de viu que ja només sentien els altres, amb els braços secs de les mucositats tretes de palpar enmig de les entranyes. Pot ser que la mirada humida dels ulls negres només vulgui dir la fortor de la sang acabat el part, les baves blanques del morro, i que el tou de les carns dins la vaca sigui el que et demanes sota les costelles, sota el pèl aspre.

En les parts més inaccessibles a les rates i les òlibes, entre les bigues i sostre, hi ha tot de fangs d'orenetes amb sengles cercles blancs marcant d'excrements el terra; quan hi són, la piuladissa dels nius deu estendre's a tota la nau, com ara ho fan les meves petjades, ressonant a les parets i al sostre, entre els esbarzers. La nau del costat també s'ha convertit en un camp de males herbes, amb l'agreujant que les paques de palla que temps ençà vam ordenar apilades, ara han caigut en una espargida massa grisenca i pàl·lida de palla a mig podrir, on semblen niuar teixons o alguna altra bestiola; el temps m'ha fet perdre la memòria de les formes dels caus i de les petjades. D'antuvi aquesta part només albergava porcs, només porcs grossos: si els barreges amb els petits els grans se'ls mengen, no tenen manies de res; el germà de l'avi caminava coix perquè un verro li mastegà la cama quan només tenia dos anys. Passa semblant amb les gallines, si canvies una gallina d'una gàbia a una altra, les altres la maten; els ulls del vedell ho diuen, diuen que els homes també ho fan, i si trenques la closca de l'ou i el pollet et veu et seguirà arreu per sempre més —també ho fan els homes, això.

El començament i el final de la granja és en aquesta nau, en la part de la construcció oberta al camp on rentàvem amb aigua tèbia la vagina de les vaques abans i després dels parts, on matàvem els porcs des de feia temps, tot començava i acabava aquí quan es barrejaven dins del cap tots els sorolls: el de la llet munyida amb força contra el cubell, el soroll metàl·lic blanc, i el soroll metàl·lic negre de la sang del porc, sortint a pressió dringant al fons de la galleda, esquitxant-te la cara i la roba, un grana negrós brillant. Aquí va ser on vas matar per primera vegada, el dia que el pare es va fer mal al braç i en Bernat feia els primers vols; el pare no podia fer força, i aquell dia la imatge d'en Bernat tancant un ull pel fum del cigar mentre empenyia el ganivet contra el porc no es repetiria, sempre fumava un cigar quan matava el porc per no sentir l'olor de líquid negre que escolava la vida a l'animal.

El negre, sempre el negre sense forma que no tenia paraules, això que t'havien dit que et feia home, les paraules, i sense elles res no es podia conèixer més enllà de les conjectures, de les ambigüitats toves o amagades que es podien pensar sota la pell aspra del porc, al fons del pou de la mirada del vedell, en el tacte del pèl de l'espinada o en la calidesa de la sang, tot eren paraules aproximades, lleugeresa, sentor, fluid, lentitud. Tal vegada perquè les bèsties no en diuen, de paraules, això només t'és reservat a tu aquí al mig, només a tu et són reservats els crits que les bèsties no entenen, encara que quedis sense veu de tant cridar per conduir-les o per donar el menjar.

«Penso que cap bèstia té al cap que algun dia morirà, penso que això només ho sabem nosaltres», digué el pare mentre trèiem un porc, manso, cap enfora, pensant que com cada matí anava a menjar aglans i matolls. Sí, el pare sabia que havia de morir —ho sabem tots, això—, havia enterrat un fill només néixer, i en aquell temps, sense saber-ho, aviat n'enterraria un altre; l'avi estava fotut, el pit li respirava amb massa xiulets, sabia que algun dia més d'hora que tard ho deixaria tot, tots ho sabem, això. «Penso que cap bèstia té al cap que algun dia morirà, potser t'ho donen a canvi de la parla, això», repetí com si l'arribada aquí depengués d'un tracte vés a saber sota quines condicions, aquell dia que en Bernat era a la farinera i ell tenia mal al braç. Vaig esmolar bé el ganivet, sense fer gaire soroll, totes les bèsties coneixen el xerricar del ferro i la mola i es posen nervioses quan el senten, poden trencar les tanques o fer-se mal entre elles.

Del tall del coll va sortir el líquid espesseït que l'àvia recollia al cubell sense poder evitar que em taqués de dalt a baix i em fes coneixedor del negre més intens, de la fondària dels ulls. La bèstia parlà com un home quan sentí el ganivet, i el xiscle

L'arbre sense tronc

podia identificar-lo com una paraula dita sense dir, com si tota la modulació de l'esgüellada fos una frase plena de sentit. A la granja el temps quedà suspès —com quan aguantava el cap del vedell—, mentre l'ull del porc em mirava cada vegada més apagat, parlava pagant el tribut de saber que només li quedaven uns instants. Penso que cap bèstia té al cap que algun dia morirà, però qui hagi sentit com xisclen els xais o els porcs en l'últim moment tindrà paraula per paraula la descripció del negre dels ulls, travessant la seva pròpia imatge, reflectida, còncava, les paraules que buscava fermant el vedell a la tanca.

XVIII

L'arbre sense tronc

El cementiri

(Llegiu-ho en veu baixa, quan ningú escolti, enraonant cap endins com qui s'empassa les paraules.)

*T*ots els meus avantpassats són morts: aquesta és l'única qualitat comuna a tots ells que recordo amb prou força i claredat, l'única que sobreviurà al pas del temps quan s'esvaeixi el que d'ells queda i desaparegui jo també, i sigui com si mai ningú de la meva nissaga hagués viscut. Ara, els veig a tots, tots ells davant per davant meu, els més vells sota terra, davall de creus de forja rovellades i ennegrides per tants estius i tants hiverns; els altres, a la paret del fossar, darrere de làpides de marbre o pedra que les tardors i els hiverns s'han encarregat d'omplir de taques de líquens i molsa. Camino per aquí fent cruixir restes de flors, esparses, algunes de les quals ni tan sols es trenquen i fan un sense soroll inequívoc del plàstic quan les trepitges, simulacre de soroll i de flor que no passa, només no passa el que és de mentida, i les flors naturals, encara dins del paper d'alumini arrugat i brut de terra que les embolcalla, lluent fi i mentider sense rovellar-se, tenen aquest color moridor, marcit, de líquens i molsa que no prenen mai les de plàstic.

Ja no hi ha ningú més, i tu ets l'últim, posat ara aquí davant seu, vingut a passar comptes a tots aquests que et miren des del fossar, des de les fotografies en blanc i negre esgrogueïdes, ovalades al cor de la creu o al mig de la pedra, tot de fotografies d'avis, com en un consell d'ancians que interroga el nouvingut demanant-li raons de cadascuna de les seves accions onsevulla que les hagi fet. El pare i la mare els van reunir a tots: l'àvia, amb un inusual —però pràctic— sentit del temps, havia comprat tots els forats, nínxols a preu barat si els compraves a l'engròs, per assegurar-se que tots els germans fossin aquí reunits per sempre més, i així, el pare i la mare els van ajuntar, no en falta cap. He mentit abans, encara en tenen una altra, de qualitat comuna: estan junts per sempre més.

Tots miren als ulls, les fotografies impreses sobre d'ovals de porcellana et guaiten intemporals, només la pedra és per sempre més, tots miren i cadascun dels esguards explica una cosa diferent, amb la veu estrident de la tia o la ronca del besavi, un murmuri de veus que faig meves de mica en mica per posseir anècdotes, contes i faules, esdeveniments. Un constant «i t'enrecordes de quan...» que miro de fer meu, que des de sempre he pres com si fos jo el que hi havia al mig d'aquell nus, abans de la presentació, després del desenllaç, un recordar sense nostàlgia, odio la nostàlgia, les coses van al seu ésser. I sí, recordo, recordo quan passa tot el que m'expliquen, encara que no ho visqués, aquestes coses van per l'aire, suren i, no essent del mateix temps, tots les hem fet nostres, viure les coses una vegada és viure-les per sempre. De nit sé que parlen entre ells, dels sembrats, de la mantega, dels sementers, de les parets de tova que s'han de repassar any rere any, i el més vell de tots recorda al meu pare que aquella espona encara no està prou recta, i que les coses han d'anar al seu ésser, que l'espona ha d'acabar recta, ben dreta si aquest és el seu ésser. El meu pare sortirà del fossar i anirà a fer l'espona més recta. Sempre rondinava, el besavi, mai les coses estaven prou ben fetes, «a cada cosa que fas li poses el nom, petit, i no pot ser que el teu nom, que el nostre nom acompanyi una acció mal feta, aquest és el principi de l'ordre», i quan els vius se n'obliden cal recordar-los que devora les tombes s'han de deixar ampolles de vi destapades —puix que les ànimes no tenen força per fer anar el tirabuixó— i pans de tres quarts, si pot ser que no hagin perdut del tot l'escalfor, per tal que la flaire entri dins de la terra i travessi les pedres de les làpides. La mare m'ho va dir una vegada, s'han de conrear les collites com els morts, Assís, i als morts com si haguessin de créixer. La mare sempre parlava davant de les tombes, ells no et voldran mai mal, si et van estimar quan eren vius, ara que poden, ho faran per sempre més, el que deixa de ser en aquesta vida és ja per sempre més, no hi ha cap altra possibilitat, la nostàlgia és un impossible.

No pujàvem mai al cementiri en dia de difunts, a la mare no li agradava la gentada mudada i falsa, i el pare, el pare no pujava mai de mai —massa temps m'hi estaré—, es quedava a l'era fent farcellets de llenya lligats amb esparts per a la foguera, d'aquells que s'obren al mig del foc —l'espart crema abans que els branquillons— i el fan deseixit però breu. La mare deixava panets a cada tomba i enraonava i enraonava, els explicava els problemes de sembra a causa de l'excessiva pluja o la sequera impenitent que ens fuetejava els camps, segons l'any una cosa o una altra; els deia de la baralla del pare amb el veí de la feixa gran per les claus de la finca, les pedres enterrades fondes per encara no se sap qui, les pedres que marquen sota terra els límits de les feixes, els límits d'on han d'anar fent els vius, són tan importants les claus de les feixes que sense elles no podríem viure. Els contava tafaneries de tant en tant per sentir-los riure, de la dona que enganyava el marit, de qui van veure saltar les tàpies de l'escorxador amb un feix de costelles de xai; i ella mateixa es contestava per boca d'ells, jo la sentia: «Ja hem posat els préssecs a assecar a la teulada, la grogor del damunt de la casa es veu de lluny, i ja acabarem sembrant, malgrat la pluja, no s'amoïnin, no pateixin que ja ho farem i la feixa gran tornarà a lluir de blat bo com l'any que va parir l'Antònia, les aigües de l'Antònia ens van dur dues bones collites, no s'amoïnin, no s'amoïnin, dormin.» Els morts sempre entenen les coses si els les expliques bé, ho entenen tot molt millor que no ho fan els vius.

Ara que hi són tots, també la mare em mira des de l'altre costat, els he deixat conyac perquè és un dia fred. Ja m'hauran sentit, els he despertat picant fort de peus a terra, els tenia gelats i recordo que era així com la mare em deia que s'havia de passar el fred als peus, hi ha coses que no s'obliden mai, he picat fort i això els haurà desvetllat; com el primer cotxe del matí pel carrer empedrat o els primers pics d'aixada desperten els camps; com l'obrir de la porta de la biblioteca de casa deixondeix els llibres, de mica en mica el caminar per sobre del terra de fusta, el grinyol de les taules sota els peus rompen la dormida dels textos rere les vitrines, era un dels somnis de quan era petit, tenir els llibres rere vidres que els protegissin de la pols, de les variacions d'humitat, i ara penso que potser els llibres als prestatges també construeixen un cementiri. He deixat a la post de cada làpida un gotet petit de conyac i al terra una plata de cartró amb dolços, panellets i coques fines fetes a tall, com fèiem per celebrar les festes d'hivern al costat de la foguera, i si em deixessin faria aquí una petita atxera davant de les tombes, també amb farcells de branques i espart, segur que me l'agrairien, traient el nas per ensumar el fum quiet i aromàtic de la llenya verda.

Sempre vaig pensar que allò que deia la mare, i que el pare subscrivia en silenci, era veritat. No es tractava d'una devoció estúpida, ni d'una creença buida, i encara molt menys d'un posat postís; es tractava de no canviar el sentit que sempre havien tingut la casa i la família vers allò que havia de fer aquí al món, el nom, el món, la paraula, tot plegat constituint una veritable unitat que mai podria trencar-se, i que més enllà del lloc on jo o els meus descendents fóssim tot s'havia de perpetuar, les coses que passen, passen perquè han de passar, no pot ser d'altra manera, fes sempre com si hi hagués un ull que et mirés, fes sempre com si allò que fas hagi de ser per sempre, com si portés el teu nom. He posat la mateixa quantitat de conyac curosament a cadascun dels gotets, i per a mi també, un de ben ple, per brindar per ells. Encara ningú no ha deixat a ningú, mai ningú deixa ningú, els qui moren a la terra mai ho fan del tot.

L'àvia no volgué imatges religioses a les làpides, i així les pedres són ben llises, tenen gravats només el nom i els cognoms, algunes en tenen diversos posats junts per sempre més. Fou ella qui volgué traslladar les restes des de les planes, on sempre havien estat, cap al cementiri quan es prohibiren els enterraments al camp, més val que siguin junts, deia, d'aquesta manera les pedres de més amunt són ara de grups de tres o quatre noms, algunes de dos noms a mitja alçària, com si es tractés d'un arbre genealògic que descendia cap als més joves, amb els més vells dalt de tot i els ja gairebé oblidats —amb noms que ja no es posen i amb cognoms de vegades aliens— als peus. L'àvia ho féu els anys abans de morir, quan jo encara era al poble, aquells durant els quals xerrava i xerrava sense parar, no callava de dir, no deixava d'explicar els fets més remarcables de la història de la família, els esdeveniments, com l'avi feia amb les baules de la cadena i com el pare recordava amb els anys de les collites. Les històries plaents i els records —algun d'ells que quasi m'atreviria a qualificar de bucòlics si no sabés de la ironia que els acompanyava— es barrejaven amb altres de tètrics, espantosos o més pujats de to, que algú escoltava, o potser no si ens n'havíem cansat. Parlava dels dots de les dones de la família, de les herències, de les bodes i de les enemistats que amb el temps la casa s'havia guanyat, moltes d'elles enemistats heretades dels camps que es traslladaven al col·legi, al carrer, a les botigues, generació rere generació, servades amb el respecte que adquireixen les coses sense explicació, sabent que trair aquella primera baralla trencaria un pacte sense escriptura però no per això menys vàlid: les coses que no cal escriure són les més importants. Per això parlava l'àvia, per això no deixà de contar i contar a aquell que tenia més a prop, i si no el tenia, l'anava a buscar; mentre fèiem mantega seia al nostre costat i parlava, encara que no trobés ningú, encara estant tota sola, contant les mateixes històries que ja m'havia explicat de petit, fins i tot aquella que ella es va inventar de l'home que vivia a sobre d'una olivera i només menjava pa amb oli, fet del blat que replegava des de les branques més baixes i de les olives premsades amb les seves pròpies mans; ningú més que ella el sabia, aquest conte. Avui les veus són arreu, i ressonen en les parets dels altres fossars barrejades amb les de les altres famílies, discutint els més joves surten de dins per barallar-se, i els vells se'ls miren asseguts recolzats a la paret, sabent que la baralla no tingué principi ni tindrà final, car les coses que no han començat no s'acaben mai, que la baralla era abans que ells, com les claus dels camps, i que encara quan faltin hi seran. En la part de baix, entremig de la Maria i d'en Bernat, hi ha un nínxol buit que de tant en tant cal netejar de les teranyines i de la terra que el vent mou i arrossega fins a aquesta raconada. L'arbre genealògic que surt del terra i s'enfila per les parets m'ha reservat una branca entre la meva dona i el meu germà que algun dia ompliré, per fer sencer el trencaclosques de les pedres i les creus.

D'ençà que vaig portar la Maria, he carregat aquesta imatge amb mi, la forma que inesperadament es repetia davant meu, sobretot quan treballava, sol a la taula de l'estudi, amb tots els llibres davant meu, rere les vitrines quadrades de fusta envernissada que la Maria em regalà. El reflex dels vidres em mostrava assegut, amb la taula plena de llibretes, papers i llibres pel terra, paperassa acumulant-se arreu, tot quadriculat dins del reixat de fusta dels prestatges, fonent, com passa en algunes fotografies, el que hi ha darrere del vidre i el que aquest emmiralla. Tots els llibres em miraven pel llom des dels prestatges, esguardant la meva feina encuriosits i interessats, avaluant i judicant cadascuna de les meves accions i decisions en escollir aquesta o aquella altra paraula, considerant la tria dels textos, ponderant sobre els autors. A les prestatgeries, les veus dels avantpassats ressonen arreu. Era la feina que havia fet des de sempre, la traducció, mai havia fet cap altra cosa que traduir, d'ençà que havia marxat del poble, de les llengües mortes a les vives, i de les vives —però alienes— a la meva, en una tasca de ventríloc i de carnestoltes que avui et demanava una carota de romà i demà una altra de mariner anglès del XIX, com si aquell que hi havia darrere de la màscara fos algú d'una naturalesa tan incerta com intercanviable, algú substituïble per qualsevol altre que fos capaç de traslladar paraules d'una època a una altra sense deixar cap rastre seu. Entre els llibres, tots els meus avantpassats són morts, tots aquells que llegí i traduí, aquells textos que he carregat dins meu durant temps i temps, com els relats de l'àvia, com cadascuna de les històries que m'explicà. Enmig de les files de lloms ben enquadernats hi ha un buit, un forat ple de pols que espera que —com l'àvia— expliqui el meu propi relat, aquell que caldrà afegir al repertori que des de petit em van ensenyar. Mentrestant, m'ho miro de lluny, en l'espai translúcid que hi ha entre els llibres i el reflex del vidre, esperant que aparegui el meu home que viu damunt de l'olivera, prenent el blat des de les últimes branques, o un traductor que acaroni els lloms de les bèsties.

Al cementiri les pedres s'omplen de la pols que netejo escrupolosament amb l'escombra i els draps guardats dins del meu nínxol, el nínxol buit; la mare m'ensenyà a fer-ho així, i ara sóc jo qui els parla mentre trec fulles i pètals secs enganxats en les teranyines i el verdet, tota la pols del món que s'arremolina endins del vent fred de novembre, dins els taüts o en el buit entremig dels llibres, allà on hauria de posar el meu.

XIX

Tota terra en boira

El paisatge

I mal que els ràpids dies dels vells passin curts, encara vull més prest el pas del sol, sempre espero la nit ara que no tinc a qui esperar; cada esperit té el seu propi paisatge i amb ell pren el temps per contemplar-lo, el meu és un temps veloç sense arrugues al front o a les mans, fi, suau, lliscant. Els vells ens sentim així, com si el temps que vivim ens tragués la força; ben a l'inrevés que d'infants, quan li preníem nosaltres la puixança. El temps s'esdevé de mica en mica, al començament no n'hi ha; no adonar-se de què passa en el transcórrer n'és la prova, cap jove troba a faltar l'ahir; el temps s'esdevé de mica en mica aprofitant les escletxes que deixa la pell, clivella els sots de les arrugues i hi entra a poc a poc. Hi ha homes i dones a qui ha inflat els ventres i els malucs i a d'altres els ha assecat com si fos un vent eixugador, els ha esmolat la cara i el nas, els ha corbat l'esquena. Ara és de nit, però els vells dormim poc perquè el temps no dorm. Ronsegem al llit, mandrosos; hi estem estona, però només fins que l'espatlla es queixa, i en aquesta època d'hivern la poca llum de les planes invita a no moure's de casa, a prescindir de fora; un dia no és dia si no s'ha estat a fora, i així es van perdent les hores degotant plàcides de mica en mica. Els vells dormim poc, el cos no ens deixa dormir per tal de poder posseir més i més temps, perquè només es tenen els anys que et falten, perquè no es pot tornar enrere, les il·lusions són sempre la prova del fracàs, il·lusionar-se és saber-se assetjat en la decepció. Els vells dormim tan poc, que encara que les nits passin ràpides no parem de pensar. El sostre del dormitori, fosc de nit i tènue de dia, mou ombres.

El cos s'ha tornat calmat, conscient de les nafres deixades pel passar, algunes fondes i encara sense cicatritzar, d'altres, sedimentades de forma precisa i constant; caminar fa durícies. Parsimònia en aixecar-se, en fer el menjar, i també en tallar una llenya que demana pauses i respirar entre ascla i ascla. Les trumfes estan ben pelades, es poden endevinar les formes que tenien abans de treure'ls la pell, tot el que llences no t'ho menges, no cal córrer, no s'ha d'anar enlloc, ara els llocs vénen sols. Ja no pujo les escales com abans, però també és cert que no em cal pujar gaires escales, no calen escales si no es poden pujar; les mans són maldestres, el pols tremola manyac quan em fa falta, per això intento no necessitar-lo, no calen escales. El meu cos ha esdevingut una filmació a càmera lenta que gasta els anys que encara té, com una penyora; la meva veu, ronca i esquerdada, no diu, pregunta, cada vegada em pregunto més, com si tot el que dic tingués un interrogant al final. Dins la casa, malgrat la pressa del temps que defora mou els núvols, els moments són pausats. La casa és queda, tranquil·la, res fa soroll, o fa el soroll just per no ser-ho, la pedra i la fusta dura i atapeïda de parets i sostres mostren el creixement vegetal de les estances —en Bernat es feia la casa a l'estiu, mai a l'hivern, com si engegant i aturant l'obra volgués imitar la crescuda lenta de les plantes, el ciment es qualla millor a l'estiu—, com els arbres i com les pedres: i encara hi ha qui no ho sap, però les pedres creixen sota terra a l'estiu, petites, i van pujant fins que apareixen grosses i crescudes, rodones o tallades, segons la classe; diuen que s'han trobat pedres molt velles sota espesses capes de terra disposades horitzontalment, com una escorça de cingles. Les façanes de darrere s'han d'adobar constantment, cada any, si no es perd la terra de les parets de tova, per la pluja, pel vent que la mossega imperceptiblement però perseverant, i aleshores, en tribut, cal tornar a barrejar la terra dels secans amb aigua i fregar un massatge a les parts dolorides de la casa, a poc a poc, en pagament per tornar a fer la paret gruixuda. La nit és llarga i va bé tenir alguna cosa per pensar, sempre va bé tenir alguna cosa per pensar dins el rebost del cap.

L'hort cal fer-lo cada dia, sempre ha estat el senyal de fer-se vell el conreu de l'hort. Quan els pagesos són massa grans per anar al camp a treballar amb els joves, enceten un retall de terra per a l'hortalissa; els joves mai fan hort, cap jove faria un hort perquè aquest és la lentitud i la constància de les canyes lligades calmosament, cap cuca a les plantes, cap pedra posada allà on no toca; la disposició perfecta de cavallons i terrossos només es pot veure de vell, i els planters i recs estan perfectament disposats reproduint qui sap quin ordre, tot és calma dins d'aquest claustre quadrat sense columnes. Serenor també en l'herba que a manera de jardí voreja la casa, una planta de gram que s'ha apoderat de la part del davant i dels laterals, aguantant verda hivern i estiu. Els braços del gram s'entrelliguen els uns amb els altres, passant per sobre i per sota, nuant-se ara aquí i allà, clavant-se els uns allà on els altres no arriben, i si intentes arrencar la planta, només te n'emportes un bocí que serà ràpidament reemplaçat per un altre. La planta creix plana i al mig s'enfonsa fent arrels; de tant en tant hi passo una dalla, només perquè em fa goig veure-la tallada tota al mateix nivell; aquest és tot el jardí, es veu des del dormitori quan m'aixeco i des de la finestra de l'escala que davalla fins al menjador.

Sola, la casa és eterna, lenta al mig de la planícia entre les planes grans, la part més allunyada del poble, la més silenciosa. L'únic soroll és el vent, o la pluja, també el cruixir de la terra en la calor de l'estiu, però ara a l'hivern l'únic soroll és el vent, la boira no se sent, algun mussol, algun gos tal vegada, potser el brogit llunyà d'algun tractor. No es parla a casa —amb qui hauria de parlar?—, paraules n'hi ha ben poques fora dels papers, i les escadusseres que s'escolten tenen la sinuositat de la música que les acompanya, cançons de música fluixa, que res no destorbi res. De nit la quietud és encara més absoluta, com una mudesa que s'acumula hora rere hora, jorn rere jorn i que esclata eixordadora de nit en un murmuri a l'oïda; de nit la casa és eterna i a la vegada sense temps, sense cap cosa que faci canviar la foscor que es repeteix un dia i un altre. Les planes no deixen passar cap cosa que no sigui ja en elles i així la casa roman estant, ben al bell mig, silent, sense fer cap mena de nosa, les planes l'han acollida sense escarafalls, i ara que es fa de dia, ara que la boira cada vegada pren una tonalitat més clara, la teulada apareix sola enmig del terrer, enmig del paisatge, com en les fotografies fetes des de l'avioneta, més enllà dels camps blancs.

La boira va perdent espessor i esdevé lletosa, a mesura que el sol la penetra, dissolent el vapor que mulla la cara, descobrint cada vegada més lluny la plana discontínua rere els bancs humits que interrompen la vista, confonent el que es veu i el que no es veu, ensenyant sense ensenyar els matolls de gebre que degoten les branques, cruixint mentre el disc blanc del sol es fa cada vegada més fort entre la boira, fins que ja no el pots mirar als ulls sense que es quedi dins, gravat i feridor a la retina.

Caminant per les planes, el meu cos llargarut fa de busca de sol, hectàrees i hectàrees d'esfera de rellotge, dos dies sencers caminant per tal de creuar-les, dos dies sencers d'ermàs i terrenys rònecs, de platals que comencen allà on acaben d'altres sense cap més separació que una línia de matolls negant el desnivell entre l'un i el següent, creant un baix continu seguit i inabastable. A les planes sempre estàs sol, i només les pedres corcades d'algun cingle et miren, amb formes de cares espantades o somrients, sortint ací i allà entremig de l'argila groguenca. L'hivern és bona època per caminar, àdhuc els dies de boira; la tardor i la primavera trien les jornades que et deixen sortir, assetjant-te a casa els dies de pluja o de vent; i al mig de l'estiu no es pot caminar, la calor abrasa el terròs, i lluny l'aire calent que puja de la plana deforma els finals del paisatge, com si allà s'acabés tot el que et permeten les planes, encara que la vista furgui sempre més enllà. Ara, al desembre, deixo rastre, aquí unes petjades, allà he trencat la gelada i puc seguir el camí enrere en cadascun del passos foscos que han desfet l'enfarinada de gebre del matí, no és difícil tornar a casa, mai és difícil tornar a casa quan un no es mou de casa, el camí està imantat.

Tot el que veig és meu perquè ningú més ho vol. Si cap pagès la posseís sobre paper, tota la plana eixuta seria canviada per uns quants metres quadrats a l'horta, allà on la terra és bona i no hi falta aigua, però aquí pots conèixer la terra de debò —aquella que se't fa inabastable, incomprensible, primera— prenent-la i masegant-la dins les mans, potser dins la boca, no voldries ser altra cosa que terra, desgastant-te en el caminar lent, com si et faltessin els peus i després el cos, i el cap finalment acabés rodolant per terra: recordes quan de petit caminaves pel fang que el rec feia en l'argila, i com aquest demanava més i més carn, cada vegada més enfonsat, recordes el soroll del xuclar els peus que feia la feixa. Als nadons del poble se'ns fregava amb oli d'oliva, i embolcallats amb roba blanca i sagí de porc, del més greixós, de la papada si podia ser, se'ns colgava fins al coll dins d'un clot cavat a la terra salobrenca, tot per fer-nos més forts, i si eren nenes, les àvies les rentaven amb fangs vermells per fer les menstruacions indolores. Aquest és el paisatge al mig de les planes, com un paper de vidre que t'enterra, que posa terra dins teu fins a deixar-te sense saber on comença el teu cos i on acaba aquest altre cos sense òrgans que és el paisatge: tot el que veig és meu perquè ningú ho vol. Al mig de les planes sec a terra, a sobre d'alguna pedra de cingle, i m'entretinc escrivint amb un pal en la pols blanca del salobre, fent dibuixos a l'argila que esborro tot seguit, mentre prenc el sol o tal vegada mentre el sol em pren a mi. Menjo poca cosa, als vells ens cal tan poca cosa per anar passant.

El camí cap a casa es fa curt, tothom sap que les tornades són lleugeres encara que estiguis cansat, perquè la tarda de desembre és curta, i la boira que comença a baixar del nord escurça la claror amagant el sol, de primer enlluernant els ulls en un nivi brutal i absolut però moridor i breu, i lentament després baixant la intensitat amb l'arribada de la humitat fonda i pesada de les primeres bromes, la que neteja el cos i el front. Camino entre la boira per tornar a casa. Hi ha hagut dies de finals d'octubre, i fins i tot de novembre, que he fet fogueres per cridar-la, fogueres de llenya verda i herba per fer més fum, per donar-li a l'aire la sentor quieta de la saba cremada, com un tribut que ha d'acabar amb el vermell més intens de les braises, però al desembre no cal, la boira ve sola cap a casa, com si no et volgués deixar arribar, sabent-te vell.

El paisatge és carn, com la casa al final del viarany cada vegada més ample i trepitjat vora el gram humit, que mulla les puntes de les sabates. La tarda cau camí de tornada quan la boira esborra els camps i no et deixa veure la casa, quan la humitat et pren les galtes i el front i també els ulls i te'ls ennuega de fresc i salat, fent encara més boirós el paisatge, com un mar de terra, quan ja no el veus, quan ha desaparegut la casa, i no et trobes ni els peus ni les mans, i només hi ha la visió pura.

XX

Els llocs sense els altres

Ruïnes

Darrere tot és polsós, fa olor d'humitat i de lloc fred i l'única llum que hi ha ve d'una bombeta trista de seixanta watts que no arriba a il·luminar tot el magatzem. Tot està curosament ordenat i apilat perquè no quedi cap espai buit entre les peces, que romanen ben recolzades les unes contra les altres per tal de no prendre pols. Una de les estibes està embolicada amb un llençol gran, dels que s'utilitzaven per tapar les butaques, ara d'un blanc llantiós i rosegat; deu haver-hi rates. Abans tot era encara més gran, els vestidors i el magatzem es comunicaven, i el lloc dels homes només quedava separat del de les dones per un tel de mampara, una roba d'ombres xineses que sovint queia, accidentalment. Quan es van acabar les reformes, decidiren convertir el magatzem en una estança a part i substituir en un altre lloc la inestable mampara per una paret ferma. Ara, a la porta només s'hi llegeix magatzem, amb un rètol de lletres de xapa daurada, i de la gent que s'anava canviant aquí, vestint-se devora els panells i el cartró pedra, tan sols en queden coves i canastres plens de robes de color, de teixits barats i inusuals, barrets de fira, espases de fusta. Amuntegats meticulosament, hi ha arbres de cartró de tots tipus i fulla, boixos, avets, tarongers, simulacions de parets de pedra pintada de colors massa innocents per ser creïbles, contraplacats amb forats als marges per poder-hi posar claus o cordes, i també la placa grossa de metall per fer el soroll del tro, molt rovellada a les cantonades. Hi ha, fins i tot, un balcó de forja que acompanyava els decorats quan era necessari. El cinema quedà tancat, i durant uns quants anys el teatre d'aficionats i el ball de les festes d'hivern s'instal·laren allà; en Magí no hi posà cap trava, diuen que fins i tot algú el va veure de tant en tant traient el cap per la caseta del projector, mirant la gent ballant des de la finestreta d'on d'antuvi sortien les pel·lícules. Tot aquest espai sembla ara una enorme caixa on hi ha l'eco dels anys del passar de la gent, les pel·lícules, la música i finalment les obres de teatre que maldestrament s'interpretaven, un eco silent entremig del ressò de les meves passes. La ruïna amenaça l'edifici malgrat els pedaços recents; les esquerdes són ben visibles en les línies trencades que travessen totes les parets de punta a punta i que es palesen sobretot en les juntures i en les regueres que baixen des dels finestrals, uns rajols inestables als ampits i també al sòcol, alguns d'ells caiguts o partits. També el terra mostra esquerdes que el solquen al llarg, mouen tant l'edifici que per sortir cal forçar la porta, fer-la fregar per encabir-la dins del marc. Al mateix temps que l'immoble se n'aniran totes aquestes construccions falses, parets i arbres de contraplacat, robes pintades i restes florides d'algunes pel·lícules.

Ara ja no tenen ningú, són llocs sense els altres, com la part més vella del poble, el barri de baix dels carrers caiguts, i dels que s'estan quedant sense gent. Hi ha cases que ja només són escenografies, com els pobles mentiders dels westerns, cases esguerrades que et deixen veure el cel enmig de les finestres, sovint encara senceres, intactes, sense una teulada que caigué fins a la primera planta i va arrossegar la resta de pisos. El cap és la part de la casa que sofreix abans que cap altra el desgast; les golfes no poden suportar el pes del barret de la teulada, perquè no es pot pensar si no es duu barret, la memòria ja no aguanta el pes. Les golfes sempre han estat el cap de la casa, la memòria de tot el que es deixa perquè no serveix, els mals endreços que en cap altre lloc troben el seu. Les parets queden, però, gruixudes, poden fer panxa però no cauen perquè dessota hi ha la cinglera de roca que aguanta tots els fonaments, i així tota l'estructura balla, les finestres es torcen i les portes es tanquen taponades pel pes de la runa que s'amuntega contra les entrades, amb les xarneres esqueixades fora de l'arc de pedra. Hi ha cases que són gàbies de bigues que ja no suporten cap terra, han caigut els pisos deixant veure núvols que mires entremig de l'enreixat de barrons, alguns partits i d'altres doblegats; n'hi ha que estan sostingudes amb puntals i tirants, recolzades les unes contra les altres, servant una mena de solidaritat agònica contra el temps que passa comptant, torturador de pilars i de parets mestres, com si les cases s'ajudessin les unes a les altres en una desfilada tètrica i vençuda. El carrer està tancat, una casa n'ha barrat el pas, s'ha derrocat enmig del carrer i ha encegat el passatge; cal passar per sobre de les runes per seguir el carrer, passar per sobre de les teules, dels marcs de les finestres, de la mateixa terra de la casa que amb la pluja s'ha desfet i comença a semblar terra de debò, amb matolls ací i allà i bocins de totxanes velles, de les grogues i planes que s'omplen de líquens i molsa i fan de la casa un túmul funerari. Més enllà hi ha alguna altra casa que s'està fent de nou, un buit entremig d'altres més velles que mostra en les seves parets les vergonyes de la desapareguda, la línia trencada que dibuixa on anava l'escala, un empaperat de menjador florit per la pluja i l'enrajolat blanc de la cuina, encara amb l'aixeta penjada enmig del no res, mentre el terra ensenya els quadrats dels magatzems, de les escales i de les quadres. Les cases, com una escenografia pintada, les cases malgrat tot depassaran els que les van habitar, aquells que van fer-hi vida, els que hi van fer comèdia o hi van veure pel·lícules, i l'única cosa que queda de tot plegat és l'esquelet de les parts dures de la vida. Les cases han perdut la seva carnalitat, han esdevingut ossos sense carn imitant la manera com els vells anem perdent carnadura cada dia davant l'espill, i els noms de les pedres, els que hi ha a les claus dels arcs, són l'última cosa que queda viva d'aquests edificis derrotats que de nit parlen els uns amb els altres, tots els noms, enmig d'aquest teatre sense ordenar que encara diu els seus papers. El teatre vell ja no és teatre; desades en els decorats hi ha cadascuna de les veus sapastres que recitaven els papers, cadascuna de les rialles que s'hi van esclafir, com si cada panell que he separat tragués una veu, com un llibre que em diu els noms dels carrers del poble vell, carrer lluna, baix, barranc, major, carrer pruneres, en una escenografia del tot desballestada a cada costat del carrer.

Lentament davant meu camina un altre vell, vestit fosc amb una jaqueta de pana negra recosida pels colzes, marxant una mica encorbat —de ben segur que també ell ha decidit sortir a passejar pel poble vell tot cercant una mica de sol de mig matí, escàs d'hivern, que comença a escalfar—, mentre passeja pausadament, com jo, entremig dels bocins de paret que omplen la llargada i l'amplada dels carrers, alguns d'ells començats a desfer al dedins de basses de pluja que es floreixen en un verd fosc i podrit de fongs i herbes petites. Al poble vell, les cases miren cap al riu, cap a l'horta, i més enllà cap als camps blancs, i si el dia és clar, es poden veure les planes fresques, encara sadollades de la boirina del matí que passa per sobre del riu i arriba fins al poble vell, i entra per les finestres sense porticons o per les balconades de vidres trencats dins de les cases de parets humides. El vell sembla buscar un lloc orientat cap al sol, arrecerat de la fresca per alguna paret baixa, alguna tàpia que es vegi en bon estat per poder-hi seure una estona i escalfar el cos mentre el sol passa el matí. S'atura mirant les cases fins que, després d'observar una bona estona la façana d'una de les més altes, hi entra, no sense precaució, aixecant amb cura la cama per tal d'evitar ensopegar amb el branquil, que ha quedat sense l'escala que li feia de primer graó. Hi ha tot un racó caigut de sostres enfonsats, d'encanyissats barrejats amb blocs massissos de guix, tot de guix pintat amb el blau cel que sempre decorà les parets de finestres i balcons. Aquí sota arriba la llum pel trau violent de la teulada, es pot veure córrer la boirina, que sembla voler transformar-se en un núvol feble de matí mentre el vent l'empeny i l'esbocina. El vell s'ho mira tot com si fos un encarregat d'obres, palpant les parets toves, de guix fràgil i caduc que s'esmicola quan el toca i deixa veure la pedra al dessota, pujant com qui pregunta les tres primeres escales dins la casa, interrompudes per les runes que enceguen amunt l'entrada al primer pis.

Passejant pel carrer de nou, el vell mira com el claveguaram borbolla, rebentat en alguns bocins sota l'empedrat, i descobreix la part de sota del ciment, i com en d'altres esquerdes entre les cases els pous i els registres s'embussen d'herbes i porqueria que fan brollar l'aigua carrer avall per un rierol esquifit i brut que des-fà la terra, es filtra dins de parts buides de les ruïnes i fa créixer tot tipus d'herbes feréstegues, esbarzers que se li enganxen als pantalons una vegada i una altra. Cal pujar de nou, una altra casa caiguda com una esllavissada al mig del carrer torna a barrar el pas, un munt de runa solidificada per la pluja que li serveix de talaia per guaitar els primers pisos de les cases dels voltants, alguns d'ells moblats com el dia que es van abandonar; des d'allà mira i em saluda, i tot i que el seu aire m'és familiar —de fet podria ser qualsevol amic d'infància a qui no recordés amb prou força— no el reconec i com a tota resposta aixeco lleument la mà. Desentenent-me'n, m'entretinc mirant les claus de les voltes, any 1792, Salleres me fecit; any 1810, Antonio Ivars, noms i dates que identifiquen cadascuna de les cases amb un inici sense acabament que arriba fins ara, en el moment en què torno a caminar sense el desconegut davant meu que marxa lluny al final del carrer. Caminant més de pressa, el veig altra vegada d'esquena abans que entri a la plaça, la plaça petita del poble vell, on tot aquest teatre esdevé encara més desesperançat, són els llocs que esperem veure més bells els que més ens deceben. Ell no s'hi ha aturat, i mentre jo contemplo les façanes que palpo calentes i aspres com el llom d'un vedell, desapareix un altre cop. Aquí es va fer mercat una bona temporada, després de la guerra, quan hi havia poques parades i les cases feien ombra a l'escassetat de queviures i robes que s'hi venien, taronges barates, taronges barates.

Fora de la plaça només queda un carrer, el que duu fins a la devesa, la part enlairada que posa sota teu el poble a un costat, i a l'altre les planes, lluny; i lluny al mig del carrer, al final de l'estret pas entre les cases a mig caure, la silueta d'aquest cicerone que va davant meu s'atura i seu damunt d'una de les pedres grosses caigudes. Totes les ruïnes són iguals, les de les grans ciutats i les dels pobles petits, les dels romans, les de les guerres o les de l'abandó i la misèria, i les poques diferències que hi pots trobar s'esborren quan penses en els que falten, com les escenografies estrafetes del teatre et remeten a aquells que hi van actuar. El vell està assegut al sol d'un migdia d'hivern, amb les mans recolzades als genolls, mirant d'esquena a les ruïnes tot el paisatge que es veu des de dalt del cingle, allà on s'acaba el poble, mentre veig davant meu tota l'extensió infinita de les planes, dels camps blancs, de l'horta i del riu, tot l'aire del món a sobre d'un avió que perd ràpid la boira en els retalls del blau vigorós que aixeca, i veig també totes les persones que, any rere any, han anat forjant aquesta escenografia, avui buida. Em veig les mans a sobre del genolls, assegut damunt la pedra.

El vell ja no hi és.

XXI

Ball de tall

El blat

*M*ira tot el blat que es veu des d'aquest turó, Maria, com oneja. Diries que s'assembla a tots els blats, diries que és el mateix blat de sempre, el rònec dels primers anys i l'espès de quan es van posar els regadius, i també el que va començar a canviar de fesomia quan van portar tractors, el sembrat per on nosaltres passejàvem quan tornàvem de la ciutat a veure els pares. El mateix blat de sempre damunt la mateixa terra i, tanmateix, no res, tot de caps que es mouen ensems, no res. ¿Ho veus que n'és, de fràgil, que aquest vent que ara tot just l'amanyaga, d'aquí a migdia serà un cerç fortíssim i li trencarà el coll, just per sota l'espiga? ¿Ho veus que n'és, de fràgil, que si ve ara la pluja el doblegarà a terra i la palla es podrirà? Però ara no, encara no, ara encara fa goig de veure. Guaita, es veu tot des d'aquí, la casa, la carretera, els camps blancs, i enmig de les planes el camí de l'estació, i fins i tot la granja i la casa d'en Bernat. Espera. No ho sents? Sembla que algú s'acosta. No sents el pas entre el sembrat? Xac, xac, xac, sembla que algú ve, fa el mateix soroll que quan els dalladors passen la fulla un cop i un altre fent el primer tall que enceta el camp, xac, xac, xac. Mira, mira, allà lluny sembla que algú, xac,

xac, hi ha un punt fosc enmig de la feixa que avança cap aquí i que ve, xac, tan lent que no acabarà d'arribar mai, xac, xac, xac, al pas de la dalla.

Aquest llibre, *L'arbre sense tronc,* és la segona part de la trilogia *De fems i de marbres.* La primera, *Els ventres de la terra,* ha estat també publicada per Editorial Columna.

Aquesta edició de L'ARBRE SENSE
TRONC, de Francesc Serés, es va acabar
d'imprimir a la ciutat de Barcelona,
als tallers d'Hurope, S.L., el dia 11
d'octubre de l'any 2001.